Peter Thiesen

Freche Spiele

Starke Spielideen gegen Frust
und Lustverlust in Schule, Jugendarbeit
und Erwachsenenbildung

Beltz Verlag · Weinheim und Basel

Die Deutsche Bibliothek – CIP-Einheitsaufnahme

Thiesen, Peter:
Freche Spiele : starke Spielideen gegen Frust und Lustverlust in
Schule, Jugendarbeit und Erwachsenenbildung / Peter Thiesen.
– Weinheim ; Basel : Beltz, 1994
  (Beltz Praxis)
  ISBN 3-407-62190-6

Lektorat: Richard Grübling

© 1994 Beltz Verlag · Weinheim und Basel
Herstellung: Erich Rathgeber, Weinheim
Satz: Satz- und Reprotechnik GmbH, Hemsbach
Druck: Druckhaus Beltz, Hemsbach
Umschlaggestaltung: Atelier Warminski, Büdingen
Umschlagfoto: Peter Thiesen, Lübeck
Fotos: Peter Thiesen, Lübeck
Printed in Germany

ISBN 3 407 62190 6

Thiesen · Freche Spiele

Inhalt

Lebensklugheit ist die Kunst,
alle Dinge möglichst wichtig,
aber keines völlig ernst zu nehmen.

Arthur Schnitzler

Ziel des Lebens ist Selbstentwicklung.
Das eigene Wesen völlig zur Entfaltung zu bringen,
das ist unsere Bestimmung.

Oscar Wilde

Vorwort

Glaubt man dem englischen Philosophen Samuel Butler (1835–1903), so wissen alle Lebewesen außer dem Menschen, daß der Hauptzweck des Lebens darin besteht, es zu genießen. Denken wir an das spielende Kind, scheint Butlers Aussage nur für den erziehenden Teil der Menschen zuzutreffen. Kinder haben noch Zeit für das scheinbar Überflüssige, während sich Erwachsene vorwiegend auf das „Notwendige" beschränken. Zu denken sollte die Tatsache geben, daß Kinder am Tag etwa 400mal lachen, während Erwachsene hierzu höchstens 15mal in der Lage sind.

Jeder Mensch – gleich welchen Alters – hat die Sehnsucht nach Kommunikation, nach Ausdruck der eigenen Identität und schöpferischer Betätigung. Er hat mitunter das Verlangen, Grenzen zu überschreiten, spontan zu sein, sich Zwängen zu entziehen und nicht vom täglichen Einerlei vereinnahmen zu lassen. Freche Spiele sind eine Möglichkeit, diese Wünsche zu realisieren. Das Wort „frech" bedeutet soviel wie keck, kess, ausgelassen, mutig, lebhaft, kühn, ausdrucksvoll, aber auch vorlaut und ungezähmt zu sein. Verhaltenswünsche, die in uns stecken, jedoch sehr oft unterdrückt werden.

„Freche Spiele" fördern Wahrnehmungs- und Beobachtungsfähigkeit, Mut, Initiative, Sensibilität, Selbstbewußtsein, Schlagfertigkeit, Toleranz und Kreativität der Mitspieler. Sie können ungewöhnliche Erfahrungen machen, sich selbst entdecken, Einfühlungsvermögen für andere entwickeln und Ideen in konkrete Handlungen umsetzen.

Neben einer spielpädagogischen Erörterung enthält das Buch über 200 originelle, vorwiegend neue Spielideen von „nachdenklich" bis „albern" von „ruhig-scharfsinnig" bis „wild", von „lustvoll" bis

„kreativ". Hinzu kommen mehr als 130 Impulse für „Freche Feten und Aktionen".

Das Buch ist ein praktischer Beitrag zur Erlebnispädagogik in Schule, Jugendarbeit und Erwachsenenbildung. Es bietet ausgefallene, erlebnisintensive Spielformen an, für deren Durchführung weder ein besonderer Glaube, noch ein anstrengendes Training oder kompliziertes methodisches System verlangt wird.

Die Regeln der Spiele verstehen sich als Ausgangsimpulse und sind offen für eigene Ideen und Variationen der Teilnehmer.

Peter Thiesen

Grundlagen

Freche Spiele als aktueller Bestandteil einer Erlebnispädagogik

Gegen Langeweile, Freizeitstreß und „verkopftes Lernen"

Es klingt schon fast wie eine Pflichtübung, wenn Pädagogen – trotz anderslautender, meist populistischer Äußerungen aus der Politik – besorgt zur heutigen Lebenswirklichkeit von Kindern und Jugendlichen Stellung nehmen. Bei aller Unterschiedlichkeit der Sozialisationsbedingungen ist sie zum großen Teil von Zukunftsängsten und einer gewissen Perspektivlosigkeit gekennzeichnet. Zum Mangel an Orientierungsmöglichkeiten und dem Gefühl des Nicht-Gebraucht-Werdens kommen Probleme in der eigenen Freizeitgestaltung, ständig steigender Medienkonsum, Langeweile, passives Konsumieren und die verstärkte Bereitschaft, Konflikte durch Gewaltanwendung („Aggressionsentladung") zu lösen. Laut Psychiatriebericht der Bundesregierung liegt der Anteil verhaltensgestörter Kinder und Jugendlicher bereits bei bis zu 30% des jeweiligen Jahrgangs.

Beim Freizeitverhalten läßt sich Kurioses beobachten. Während auf der einen Seite Langeweile zu Frustrationen und diese wieder zu Aggressionen führen, reagieren Jugendliche auf das Überangebot der Freizeitindustrie ebenso zunehmend mit Streßsymptomen und Aggressivität. Nach einer im Januar 1994 veröffentlichten Studie des BAT-Freizeitforschungsinstituts Hamburg haben viele Jugendliche Schwierigkeiten, sich in ihrer Freizeit zeitlich, finanziell und psychosozial Grenzen zu setzen. Als Opfer ihrer eigenen Ansprüche, möglichst nichts zu versäumen, reagieren dann über ein Drittel der 14- bis 19jährigen nur noch mit aggressivem Verhalten.

Wenn ein wesentlicher Teil dieser Problematik nicht durch Selbstverschulden, sondern in der Unzulänglichkeit und im Versagen von Elternhaus, Pädagogik, Politik, Jugendbehörden und Justiz liegt, stellt sich die Frage, ob wir nicht stärker eine „Erziehung zur Verantwortung für sich selbst" betreiben müssen als dies bisher in Schule und Sozialpädagogik betrieben wurde. Veränderte Lebensbedingungen von Kindern und Jugendlichen verlangen dringend nach Veränderungen in den schulischen und außerschulischen Erziehungsinstitutionen.

Auch wenn weder Schule noch Sozialpädagogik die Familie ersetzen können, so lassen sich bestimmte soziale Verhaltensweisen nur dort erlernen, wo mehrere Menschen zusammenkommen und lernen.

Nicht die Sozialpädagogik allein, sondern auch die Schule, muß sich mehr Zeit nehmen, das Miteinander und sozialakzeptierte Verhaltensweisen zu vermitteln. Was nützt es dem einzelnen, ein Immermehr an kognitivem Wissen vermittelt zu bekommen, während die soziale Deformierung von Persönlichkeiten nicht zuletzt durch ein Bild der Schule vom „verkopften" Schüler geprägt wird. Lebenskundliches Wissen, z. B. von ethischen Fragen bis zum Verhältnis von Arbeit und Spiel, sollten fester Bestandteil der allgemein- wie berufsbildenden Schulen werden. Die Entwicklung von Selbstbewußtsein, Humanität und Handlungsorientierung im Umgang mit Menschen braucht Schulen, in denen auch Geborgenheit zu erfahren ist, und die sich nicht in erster Linie als „Ausleseanstalten" verstehen. Schule muß ein Lern- und Lebensort sein, in dem über die Wissensvermittlung hinaus, Schüler sinnvolle Erfahrungen sammeln und Aktivitäten entfalten können, die ihnen zu Selbstbewußtsein und persönlicher Kompetenz verhelfen.

Ein Mehr an psychischer, sozialer, kultureller und politischer Handlungskompetenz würde Jugendlichen helfen, sich besser mit ihrer Lebenswirklichkeit auseinanderzusetzen und Einfluß auf den eigenen Lebensraum und dessen kreative Mitgestaltung zu nehmen.

Fantasie und schöpferisches Handeln beschränken sich in den Schulen auch heute noch vorrangig auf den Kunst- und den Musikunterricht. Obwohl die Förderung der Kreativität als ein anzustrebendes Ziel neuerer Pädagogik angesehen wird, scheinen die Voraussetzungen hierfür immer noch im Anfangsstadium zu stecken. Eher läßt sich beobachten, daß kreatives Verhalten von Schülern bei Lehrkräften hochgradige Irritationen auslöst, gegen normierte

Schulrituale verstößt und deshalb eher verdrängt und unterdrückt, statt unterstützt wird. Die jedem Menschen zueigene Spielfreude wird bereits in der Grundschule erfolgreich verdrängt. Dabei wird völlig vergessen, daß Kinder, die nicht mehr spielen können, auch nicht mehr lernen können, weil ihnen eine vertiefte Erlebnisfähigkeit genommen wurde.

Welche Eltern stöhnen nicht bereits gemeinsam mit ihren Grundschulkindern, wenn diese überfordert, lust- und motivationslos am stupide-langweilig abgespulten Mathematikunterricht verzweifeln oder den weißnichtwievielten schematischen Arbeitsbogen aus dem Deutsch- oder Heimatkunde-Sach-Unterricht nach Hause bringen. Leider sind von den „Paukschulen" alten Zuschnitts noch immer zu viele vorhanden. Diese Problematik ist schultypdurchgängig, und in der Entrümpelung überholter Lerninhalte und Methoden zeigen sich Pädagogen und Kultusbürokratie häufig recht unflexibel.

In einer Zeit, die Kindern und Jugendlichen bis hin zum Erwachsenen die Erlebnisse immer stärker über das Fernsehen als über eigene Erfahrungen vermittelt, sind erlebnisintensive Lernerfahrungen von besonderer Aktualität.

Selbstentwicklung und schöpferische Kräfte

Ausgehend von der gesicherten Erkenntnis, daß Verhalten und Erleben in einer engen Wechselbeziehung stehen, versteht sich die wiederentdeckte *Erlebnispädagogik* als lebendiges, aktives und handlungsbezogenes Lernen. Die Wurzeln der Erlebnispädagogik gehen auf Kurt Hahn – in den 20er Jahren Begründer der Salemer Schule – zurück. Heute, in einer Zeit der Reizüberflutung und seelischen Verarmung, ist Erlebnispädagogik ein sinnvoller Weg zur Einübung sozialer Kompetenz. Unter dem Aspekt einer humanistischen Erziehungsphilosophie versucht sie auf die Gesamtpersönlichkeit des einzelnen zu wirken und sich in ihren Angeboten vom alltäglichen deutlich abzuheben. Ausgangspunkte sind die Erfahrungen und Gefühle der Lernenden.

Erlebnispädagogik

- ist mehr als bloße Wissensvermittlung,
- legt Wert auf die Selbstentwicklung der schöpferischen Kräfte,
- geht auf die einzelne Person ein, indem sie nicht bei ihren Defiziten ansetzt, sondern ihre Fähigkeiten und Fertigkeiten herausstellt,
- beschäftigt sich mit zwischenmenschlichen Verhaltensmustern,
- macht Angebote zur Förderung der Kommunikationsfähigkeit,
- ermöglicht Handlungskompetenz, Initiative, Selbstorganisation,
- verdeutlicht die Sinnhaftigkeit des eigenen Tuns,
- reißt die Akteure durch Förderung der Selbstinitiative aus der Zuschauermentalität,
- regt zu Bewegung, Aktion, Geschicklichkeit und Kreativität an,
- versucht die Teilnehmer für andere zu sensibilisieren.

Nicht zuletzt kann Erlebnispädagogik verlorene Reichtümer der Kindheit ein Stück weit wiederbringen, wie z. B. die Sehnsucht nach Abenteuer, die Liebe zum Malen, zum Schreiben, Musizieren oder Theaterspielen.

Die Intensität eines Erlebnisses ist für den Lernerfolg wesentlich entscheidender als die Dauer. Die *spektakuläre* Erlebnispädagogik als projektorientiertes Angebot ist vorrangig mit der mehr oder minder abstrakten Stärkung des Selbstwertgefühls durch körperliches Training beschäftigt. Das können Veranstaltungen unter extremen Bedingungen sein, wie z. B. Segeln auf Hochseekuttern, Wildwasserfahrten, Klettertouren, Survival-Trips durch Schnee- und Sandwüsten, die alle unter fachlicher Betreuung durchgeführt werden. Diese oft bis an die Grenzen der körperlichen Leistungsfähigkeit gehenden Erlebnisangebote sind ein Teilaspekt der Erlebnispädagogik. Ein weiteres Erfahrungsangebot sind Spielformen, die dem einzelnen helfen, sein Wahrnehmungsverhalten, die selbst gesetzten Fähigkeiten und Möglichkeiten zu überprüfen, zu reflektieren und gegebenenfalls zu erweitern.

Freche Spiele sind

- Wahrnehmungsspiele,
- Kommunikationsspiele,

- Spiele zum Erleben und Erkennen des eigenen kreativen Potentials,
- Spiele zur Stärkung des Selbstvertrauens,
- Selbsterfahrungs-, Vertrauens- und Problemlösungsspiele.

Mit frechen Spielformen können wir Normen durchbrechen, die uns umgeben, während gleichzeitig bestimmte Regeln gesetzt werden, an die wir uns freiwillig halten. Besonders durch die darstellenden Spielangebote dieses Buches können wir die für die Persönlichkeitsentwicklung Jugendlicher wichtigen Prozesse der Selbstfindung intensiv unterstützen. Der Jugendliche verkörpert die verschiedensten Rollen, erlebt und erprobt sie und erweitert so die eigene Ich-Erfahrung. Die Bandbreite sprachlicher, mimischer und körperlicher Ausdrucksmöglichkeiten wird aktiviert, so daß die im Spiel geförderte Kommunikationsfähigkeit der Teilnehmer auch außerhalb des Spiels stabilisiert und verbessert wird.

Erlebnisintensive Spielformen nehmen beim kognitiven und sozialen Lernen eine Schlüsselstellung ein. Leider herrscht bei vielen Schulpädagogen noch immer die Auffassung, daß alles, was „Spaß" macht, nichts oder nur wenig mit Lernen zu tun hat. Schul- und Sozialpädagogik müssen darauf achten, daß bei aller Planung und Methodik, so wichtig sie auch sind, nicht nur die Vernunft, sondern auch Fantasie und kreatives Denken und Handeln geweckt und gefördert werden. Wenn wir dem einzelnen bei der Entfaltung seiner Emotionalität helfen, verhindern wir, daß die Rationalität ausufert und das Gemüt und die Erlebnisfähigkeit versickern. Aus spielunfähigen Kindern werden häufig veränderungsunfähige Erwachsene, die sich selbst um ein Stück Freude und Lebensqualität bringen.

„Bausteine" sozialen Lernens

Jugendliche richten heute stärker als je zuvor, ihr Interesse am Lustprinzip aus, so daß erlebnispädagogische Spielformen und Aktivitäten auch entsprechend motivierende Anreize für eine Beteiligung bieten. Die meisten Spielangebote dieses Buches haben das wechselseitige Reagieren von Spielpartnern zum Inhalt. Dadurch ermöglichen sie die Entwicklung von Offenheit, Kooperation, konstruktiver Rückmeldung und Vertrauen und sind somit „Bausteine" zur Stabilisierung sozialen Lernens und Handelns. Eine Reihe der neu entwickelten Spiele bietet die Chance, sich mit aktuellen politischen Gegebenheiten auseinanderzusetzen und Resignation und politische Apathie zu reduzieren und in kritisch-konstruktive Bahnen zu lenken.

Freche Spiele

– haben einen positiven Aufforderungscharakter,
– bieten direkte Erfahrungen, insbesondere die Sensibilisierung von Wahrnehmung,
– bereichern das Denken und die Emotionalität,
– regen zur Kommunikation an und befriedigen das Bedürfnis nach Gemeinschaft,
– bieten Orientierung und erweitern das Bewußtsein,
– überprüfen, verändern und festigen Verhalten,
– ermöglichen durch den Als-ob-Charakter (die Reproduktion der Realität) eine distanzierte Reflexion des Ichs und der gespielten Rolle,
– erweitern den Vorstellungs- und Erfahrungshorizont, vergrößern das Reaktionsrepertoire und steigern somit die Wahrscheinlichkeit, sich besser in unvorhergesehenen Situationen verhalten zu können,
– erlauben ein „Aus-der-Rolle-fallen",
– ermöglichen, eine Sache von verschiedenen Seiten aus zu betrachten,
– helfen Fähigkeiten zu entwickeln, die vorher noch nicht da oder nur schwach ausgeprägt waren,
– unterstützen die Selbststeuerung des eigenen Verhaltens,
– regen zur Eigenaktivität an,
– sind eine konstruktive Auseinandersetzung mit der Umwelt, ohne festgelegte Leistungsnorm, jedoch mit Leistung. Diese wird von der Lust der Spieler/innen getragen, den Spielprozeß voranzutreiben, wobei der Zweck des Handelns im Spiel selbst bestimmt wird.

Die meisten frechen Spiele bieten das, was Scheuerl (1975) als „die Spannung und Entspannung, die Ergriffenheit und das Greifen, das Schaudern und den Rausch" bei bestimmten Spielen bezeichnet. Freche Spielformen sind immer an-regend, häufig auch auf-regend. Sie sind geeignet, vieles von dem zurückzuholen, was durch Funktionalisierung beim Lernen abgeschnitten, verschüttet oder verlernt wurde, nämlich selber „säen und ernten", sammeln, produzieren statt konsumieren, Geschichte selber schreiben, Theater spielen – also Lernen durch Handeln.

Spielpädagogische Überlegungen

Qualitäten als Spielleiter/in

Wer als Spielleiter/in mit Schülern, Jugend- und Erwachsenengruppen spielt, sollte in der Lage sein, unter Berücksichtigung der altersspezifischen Charakteristika und Bedürfnisse der Spieler, motivierende Spielangebote zusammenzustellen und durchzuführen. Zur Planung und Durchführung von Spielstunden gehört eine Diagnose der Bedürfnisse, Vorlieben, Einstellungen, Probleme und Defizite der einzelnen Mitspieler.

Bei der Planung und Durchführung unserer „frechen Spiele" sind immer die jeweilige Gruppe und die eigenen Fähigkeiten und Grenzen der Spielleitung zu berücksichtigen. Die Kenntnis eigener Spielhemmungen, Blockierungen oder „Masken" im Umgang mit anderen Menschen – insbesondere im Bereich der Interaktionsspiele – ist Voraussetzung sowohl für eine verantwortungsbewußte Spielleitung wie für eine möglichst differenzierte Analyse der Gruppe. Einfühlsames Vorgehen beim Aufbau größerer Spielsequenzen (zusammenhängender Spielangebote) ist ebenso wichtig, wie die Mitbestimmung der Teilnehmer, wenn es um das Tempo und Grad an Nähe und Intensität geht.

Die beste Spielleitung ist eine unmerkliche, eher indirekte, bei der die Gruppe dahin gebracht wird, aus sich selbst heraus – auch ohne Spielleitung – das Spiel fortführen zu können.

Als Spielleiter/in sollen wir Spielbedürfnisse erkennen, zum Spiel anregen, Denkanstöße geben und positive Spielbedingungen schaffen. Verhaltensmerkmale wie Höflichkeit, Toleranz, Geduld, Einfühlungsvermögen und Zuneigung sind Voraussetzungen, die mitzubringen sind. Diese, sich in Wertschätzung äußernden Verhaltensmerkmale mindern Ängste und Unsicherheiten, führen zu positiven Gefühlen und erhöhen das Selbstvertrauen. Die freundliche Zuwendung des Spielleiters befriedigt das menschliche Grundbedürfnis nach positiven zwischenmenschlichen Beziehungen. In der Rolle des teilnehmenden Beobachters kann der Spielleiter Spielhemmungen erkennen und überwinden helfen.

Ein klares, souveränes Spielleiterverhalten erleichtert die Spielbedingungen und weckt die Spielfreude der Teilnehmer.

Motivierende Spieleinführung und -begleitung

Zu den wichtigsten Überlegungen und Techniken, Spiele einzuführen, gehören:

- Als Spielleiter/in muß man frei von Spielhemmungen sein, selbst Spaß am Spielen haben und sich in die Spieler hineinfühlen können. Eigene Begeisterung steckt an. Deshalb: Lust und Erfolg signalisieren!
- Aufmerksamkeit erzeugen, sich sichtbar machen. Je besser dieses gelingt, um so größer ist die Wahrscheinlichkeit, daß ein Spiel gut in Schwung kommt. Dabei selbstbewußt und freundlich auftreten.
- Klar und deutlich sprechen, kurze und bündige Spielerklärungen und Anweisungen geben. Zu lange, komplizierte Erläuterungen wirken demotivierend. Direktes Anreden und Anspielen.
- Augenkontakt zu den Angesprochenen halten.
- Gesten und Hilfsmittel zur Veranschaulichung einsetzen.
- Vorteile der Spielangebote betonen.
- Die wichtigsten Aspekte und Regeln hervorheben.
- Kurzer Check, ob das Gesagte richtig verstanden wurde.

Im Spielverlauf sollte der Spielleiter darauf achten, daß er

- Ziele setzt,
- die Spieler aktiviert und anregt, Ideen und Spielvariationen zu entwickeln,
- offen ist für Vorschläge und Kritik,

- Einfälle der Spieler respektiert und sie spüren läßt, daß ihre Ideen Wert haben,
- genügend Spielanreize und Materialien (je nach Spielvorhaben) zur Verfügung stellt,
- bewußtes intensives Genießen (Wahrnehmen, Aufnehmen, Empfinden) und außergewöhnliche Spielerlebnisse ermöglicht (siehe Spielangebote),
- präsentiert, informiert, arrangiert, diskutiert, beobachtet und reflektiert,
- ein Gefühl dafür entwickelt, welche Spielformen, Aufgaben und Aktionen seiner Gruppe bzw. den einzelnen Teilnehmern am ehesten gerecht werden,
- Rückmeldungen einholt, Wirkungen überprüft und Echo bekommt.

Zum Spielen anregen bedeutet stets:

Aktivierung von Denk-, Gefühls- und Bewegungsabläufen,
Hervorhebung durch Ungewohntes, Kontrastieren, Abheben vom Üblichen, Überraschung, Verblüffung,
Berührung durch Erleben persönlicher Verbindlichkeit, körperliches Berühren; gerührt, provoziert, aufgerüttelt sein.

Damit Teilnehmer zu aktiven Mitspielern werden, müssen sie ein Gefühl der Sicherheit entwickeln können. Spielleiter/innen sind stets sowohl für die psychologische wie auch für die körperliche Sicherheit der Mitspieler verantwortlich. Spüren die Teilnehmer, daß uns ihr Wohlbefinden am Herzen liegt, werden sie lieber mitmachen und uns schneller vertrauen. Hier spielt auch das Gespür für die richtige Auswahl und Reihenfolge der Spiele eine wesentliche Rolle.

Als Spielleiter/in sollten wir so oft wie möglich selbst mitspielen. Das Zusammenspiel führt zu mehr Vertrautheit und hilft dem Spielleiter eher zu spüren, was die Gruppe gerade braucht, und ob ein Spiel außer Kontrolle gerät. Sind die Spieler müde, benötigen sie ein ruhiges Spiel, sind sie voller Spannung, sind Austoben, Wirbel und Action die richtige „Medizin".

Beobachtung und Reflexion

Spielleiter/innen müssen über mögliche Wirkungen eines Spiels nachdenken und wissen, daß Spiele stets Verhaltensweisen hervorrufen und soziale, kognitive, psychomotorische und emotionale Ziele haben.

Die Komplexität von Spielprozessen, der schnelle Ablauf von Spielfolgen und die eventuelle Teilnahme des Spielleiters am Spiel, legen ihm als reflektierendes Verfahren die teilnehmende Beobachtung nahe.

Fragestellungen und Beobachtungshilfen:

– Welche Interaktionen finden zwischen den Spielern statt (Aktivität/Passivität, Kooperation/Isolation. Werden bestimmte Partner bevorzugt ausgewählt? Warum? Besteht Cliquenbildung? Distanz und Nähe zueinander usw.)?
– Wie verläuft der Kommunikationsprozeß zwischen den Spielern (Hören sich die Gruppenmitglieder gegenseitig zu? Beziehen sie sich im Gespräch aufeinander?) Wie gehen sie verbal miteinander um? Ist die Kommunikation mehr emotional-affektiv oder eher rational angelegt?
– Welche formellen und informellen Rollen gibt es und welche Auswirkungen haben sie im Hinblick auf das Verhalten der Mitspieler (z. B. Impulsgeber, Anreger, Meinungsführer, Vermittler, Harmonisierer, Opponent, „Störer")?

Am Ende einer Spielstunde kann die Reflexion dem Spielleiter wichtige Hinweise für die Planung künftiger Spielangebote geben:

– Wie war die Resonanz der Teilnehmer? (Sichtbare Reaktionen auf eine Spielstunde: Zustimmung, Lachen, Fröhlichkeit und Kontaktbereitschaft.)
– Was waren die Ursachen für Lust oder Unlust? (Z. B. gelungene bzw. falsche Zusammenstellung der Spielangebote.)
– Ging von den Spielen die vom Spielleiter beabsichtigte Wirkung aus? (Stimmten Zielsetzung, Methoden, Aktionsformen und Medien überein?)
– Was würde ich als Spielleiter das nächste Mal anders machen?

Die Selbstreflexion schließlich gibt dem Spielleiter Aufschlüsse über sein eigenes Verhalten und dessen Wirkungen auf die Spieler: Wie steht es um meine eigene Motivation? Wo liegen meine eigenen Stärken und Schwächen als Spielleiter/in? Wie werde ich mit unvorhergesehenen Situationen fertig? Gehe ich mit genügend Einfühlungsvermögen auf die Spieler/innen zu? Was tue ich, um Rückmeldung von der Gruppe zu bekommen? War ich vorrangig „Mitspieler/in" oder mehr „Anleiter/in"? Weshalb?

Als Spielleiter sollten wir den Spielern etwas Zeit geben, den Stil des selbsterprobenden und bestimmenden Spiels zu üben. Der Übergang von der Konsumhaltung im (schulischen) Lernen zur aktiven Produktionshaltung erfordert Geduld. Alte Lerngewohnheiten (Schweigen, Zurückhalten der eigenen Meinung, Unterschätzung der eigenen Fähigkeiten) müssen bei einigen Mitspielern immer erst abgebaut werden. Die frechen Spielangebote dieses Buches werden schon bald bei den Teilnehmern eine positive Wirkung hinterlassen.

Teilnehmer

Wer sich an den verschiedenen Formen „frecher Spiele" beteiligen möchte, sollte spiel- und experimentierfreudig sein, die Bereitschaft zeigen, neue Erfahrungen zu machen und sich auf eine Vielzahl unterschiedlicher Ausdrucks- und Gestaltungsmöglichkeiten einzulassen.

Bei einer Reihe von Spielen geht es auch darum, die Erwartungen, Bedürfnisse und Meinungen des jeweils anderen wahrzunehmen und zu verstehen, sich in ihn hineinzuversetzen und/oder sich mit ihm auseinanderzusetzen.

Die Teilnehmer sollten genügend Zeit erhalten, um den Stil und die Varianten selbsterprobender Spielformen kennenzulernen. Der Übergang von der Konsumhaltung im Lernen (wie in der Schule noch immer stark verbreitet) zur Produktionshaltung erfordert bei der Spielleitung etwas Geduld. Bei wenig erfahrenen bzw. ungeübten Mitspielern können wir anfängliche Zurückhaltung, Spielhemmungen und alte Lerngewohnheiten wie Schweigen oder Unterschätzen der eigenen Fähigkeiten relativ schnell durch ein freundliches, bekräftigendes Auftreten des Spielleiters/der Spielleiterin auffangen und in konstruktive Bahnen lenken.

Ein *Spielverhalten* gibt es grundsätzlich in jeder Altersgruppe. Kinder sind noch relativ einfach zu motivieren. Mit zunehmendem Alter wird das Spielverhalten differenzierter, und es bestehen unterschiedliche Niveaus, die von der durchlaufenen Sozialisation der einzelnen Spieler mitbestimmt werden. Die Spiele dieses Buches richten sich vorrangig an Menschen ab etwa 12/13 Jahren aufwärts. Durch entsprechende Variationen und Vereinfachungen ist ein Teil der Spiele (z. B. der Kontakt-, Bewegungs- und Nonsensspiele) auch schon mit jüngeren Teilnehmern durchführbar.

Spielangebote und Spielauswahl

Spielstunden müssen geplant werden. Zwar gibt es weder eine programmierte Spontaneität, noch läßt sich Erfolg immer vorausplanen, dennoch kommen wir nicht umhin, uns umfassend vorzubereiten. Planung bedeutet nicht, den einzelnen zu verplanen, sondern eine flexible Handlungsfähigkeit zu entwickeln, ohne die unser Vorgehen orientierungslos wäre.

Die Auswahl der Spiele aus dem vorhandenen Angebot dieses Buches, die Methoden und Medien sollten sich an den vorhandenen Bedürfnissen, Einstellungen, vorhandenen Kenntnissen und bereits gemachten Spielerfahrungen der Teilnehmer orientieren.

Für die Spielauswahl ergeben sich folgende Fragen:

– Welche Spiele sind für „meine" Gruppe geeignet?
– Welche Interessen und Spielwünsche lassen sich mit dem/den Spiel(en) befriedigen?
– Stelle ich die Spielstunde unter ein bestimmtes Motto oder soll sie z. B. Mittelpunkt bzw. integrierter Bestandteil einer Fete sein?
– Lassen sich gezielte pädagogische Absichten realisieren?
– Wie baue ich die Spielstunde methodisch auf?
– Für welche Spiele werden Materialien und Hilfsmittel benötigt?
– Welche Spiele eignen sich als Einstiegs-, Auflockerungs- und Schlußspiel?

- Worauf ist bei bestimmten Spielen besonders zu achten (z. B. sorg-
fältige Beobachtung bei Interaktionsspielen für das anschließende
Reflexionsgespräch)?
- Wie bringe ich als Spielleiter/in das Spiel an die Teilnehmer her-
an?
- Sind Spielregeln im Hinblick auf „meine" Gruppe zu verän-
dern?
- Werden bestimmte Fähigkeiten/Fertigkeiten vorausgesetzt?
- Welche Spieldynamik geht vom Spiel aus (z. B. kooperatives Spiel
oder Spiel mit Wettbewerbscharakter)?

Die frechen Spiele bieten in ihrer Spielstruktur genügend Hand-
lungsspielraum und ermöglichen so aktiv-kreatives Handeln der
Teilnehmer und vielfältige Kommunikationsabläufe. Die Spiele verfügen über einen klaren Aufbau, besitzen leicht verständliche, vari-
ierbare Regeln und sind in ihrer Beschreibung ohne Schwierigkeiten
nachvollziehbar. Für die Durchführung von Spielprogrammen ist es
wichtig, eine Übersicht zu erstellen, aus der Reihenfolge und Dauer
der einzelnen Spiele hervorgehen. Die Zusammenstellung der Spiele
sollte Höhepunkte und einen sinnvollen Wechsel zwischen Anspan-
nung und Entspannung bieten. Die Dauer der Spiele richtet sich im
wesentlichen nach dem Wunsch der Spieler.
   Es empfiehlt sich, für den Einstieg Spiele zu wählen, die wenig
Hemmungen wecken. Besonders geeignet sind Simultanspiele, bei
denen alle oder mehrere gleichzeitig spielen (siehe auch „Kontaktspiele"). Bei Gruppen, die Ungewohntem etwas ängstlicher gegenüberstehen, beginnen wir am besten mit Spielen, die weder besondere körperliche noch psychische Anforderungen stellen. Beim
Simultanspiel fühlt sich der einzelne nicht so beobachtet, also angst-
freier. Bei einer Spielsequenz bzw. Spielkette könnten dann Partner-
und Kleingruppenspiele mit Kooperationscharakter folgen bis
schließlich Einzelaufträge vergeben werden.
   Die meisten Spielformen dieses Buches haben das wechselseitige
Reagieren von Spielpartnern zum Inhalt. Sie ermöglichen so die Entwicklung von Offenheit, Kooperation, konstruktive Rückmeldung
und stellen ein Teilkonzept sozialen Lernens dar.

Materialien, Medien, Hilfsmittel und Raumangebot

Von Materialien können starke Spielanreize ausgehen. Sie besitzen in der Regel einen Aufforderungscharakter zum aktiven Handeln. Animierende *Materialien* wie z. B. Verkleidungsutensilien, Tücher, Farben, Bänder, Schminke, Luftballons, verschiedene Papiere, Zeitungen, Kartons, Filzschreiber und anderes mehr sollten bei der Durchführung von Spielsequenzen stets in greifbarer Nähe liegen. Es empfiehlt sich, die benötigten Materialien und *Hilfsmittel* (z. B. Tische, Stühle, Wolldecken) in einer Checkliste aufzuführen und gegebenenfalls eine Material- und Requisitenliste anzulegen. Beim Einsatz technischer *Medien* (z. B. Videokamera, Overhead, Diaprojektor, Kassettenrecorder) sind rechtzeitig die Geräte auf ihre Funktionsfähigkeit hin zu prüfen, damit der Spielverlauf nicht durch unnötige Pannen gestört wird. Die Spielbeschreibungen in diesem Buch verfügen über Materialhinweise. Die Mengenangaben sind auf die jeweilige Gruppengröße abzustellen, lieber großzügiger als zu knapp bemessen.

Bedenken Sie, daß beim Einsatz bestimmter Materialien und Hilfsmittel Veränderungen innerhalb der Räumlichkeiten vorzunehmen sind. Das *Raumangebot* ist daraufhin zu überprüfen. Grundsätzlich gilt, daß man für das Spielen keinen Anlaß und keine besonderen Spielorte benötigt. Mit einer kleinen Einschränkung: Die angenehme Spielatmosphäre wird mitbestimmt durch die Raumgestaltung, Beleuchtung, Temperatur und Belüftung. Für unsere frechen Spielvorhaben müssen wir die Teilnehmerzahl der Größe des vorhandenen Raumangebotes anpassen und – wenn erforderlich – umgestalten und verändern (z. B. durch Vorhänge, Stellwände, Tische usw.).

Die frechen Spielangebote

Kribbeln im Bauch, Selbstinitiative, Spontaneität, Anbahnung, gelöste Stimmung: Kontaktspiele

Schaut man in die Anzeigenteile vieler Zeitungen, so findet man viele Hinweise auf verpaßte Gelegenheiten, wie diese: „Letzten Samstag im ‚Abaco‘. Der Typ im roten Poloshirt möchte gern das Mädchen mit den blonden Haaren und dem blauen Halstuch kennenlernen. Deine Freundin nannte dich ‚Trixi‘. Trinken wir ein Bier zusammen. Bitte laß’ von dir hören unter…“

Das Beispiel zeigt, daß sich jemand nicht getraut hat, einen fremden Menschen anzusprechen, mit dem er gerne Kontakt aufgenommen hätte. Viele Menschen – Jugendliche wie Erwachsene – scheuen das Risiko einer Zurückweisung und werden deshalb erst gar nicht aktiv. Oder sie suchen den Umweg über die Zeitungsanzeige.

Ob eine Annäherung erwünscht oder als lästige „Anmache“ empfunden wird, hängt letztlich vom Adressaten ab. Eine bestimmte *Kontaktfähigkeit* beeinflußt wesentlich das Interaktions- und Kommunikationsgeschehen. Soziale Interaktion und Kommunikation dienen der Herstellung und Aufrechterhaltung von Beziehungen. Ohne sie entwickelt der Mensch kein Selbstwertgefühl. Unter *sozialer Interaktion* verstehen wir die durch Kommunikation vermittelte, wechselseitige Beeinflussung von Individuen oder Gruppen bezüglich ihres Handelns. *Kommunikation* beschreibt den Informationsaustausch zwischen Menschen. Er geschieht durch Sprache, Mimik, Gestik, bildliche Darstellungen, Schriftzeichen und Symbole. Bei den ersten Treffen neuer Gruppen besteht immer wieder das gleiche Problem: Man kennt sich noch nicht und hat noch keine gemeinsamen Erlebnisse, an die man anknüpfen kann. Zwar besteht bei jedem einzelnen der Wunsch dazuzugehören, allerdings existieren noch Schwellenängste, nicht anzukommen.

Kontaktspiele werden dem Bedürfnis jeder neu zu bildenden

Gruppe gerecht, Kontakte aufzunehmen und sich kennenzulernen. Kontaktspiele helfen, beängstigende Situationen zu umgehen und Schwellenängste zu verringern und abzubauen. Sie erleichtern das Kennenlernen und fördern durch eine gelöste Grundstimmung die Spielbereitschaft der Gruppe.

Das wichtigste Anliegen der Kontaktspiele ist die Befriedigung der Bedürnisse der an Interaktion/Kommunikation beteiligten Personen.

Spielangebote

Wo steckt dein Name?

Material: Filzstifte, Papier, Pappe, Sicherheitsnadeln, Fingerfarben.

Ein schönes Kontaktspiel. Jeder Teilnehmer erhält die Aufgabe, seinen Namen so an sich anzubringen, daß die anderen, die seinen Namen erfahren wollen, direkten Kontakt aufnehmen müssen.

So kann man z. B. seinen Namen an der Gürtelschnalle befestigen, den Namen auf Papier schreiben und um den Hals hängen oder den Namen mit abwaschbarer Fingerfarbe auf den Arm schreiben und das Hemd oder den Pullover darüber ziehen.

Wem fällt ein besonders originelles Namensversteck ein?

Spielintention: Kontaktaufnahme, Kennenlernen, Körperkontakt.

Das V. I. P.-Spiel

Material: Stecknadeln und vorbereitete Karten.

Bei diesem lebhaften Eröffnungsspiel treffen V. I. P.'s – sehr prominente Persönlichkeiten – aufeinander. Ob sie noch unter den Lebenden weilen oder bereits das Zeitliche gesegnet haben, spielt keine Rolle. Wolfgang Amadeus Mozart kann ebenso dabei sein wie Heinz Rühmann, Franz Joseph Strauß oder Königin Elisabeth II. Es kön-

32

nen Tarzan und Helmut Kohl aufeinandertreffen oder sich Popstar Prince, Julius Cäsar und Zarah Leander unterhalten. Zu Beginn heftet die Spielleitung jedem Mitspieler mit einer Stecknadel eine Karte (ca. 7 × 10 cm), die den Namen einer bekannten Persönlichkeit trägt, auf den Rücken. Der Spieler selbst weiß nicht, wer er ist.

Haben alle einen Namen erhalten, suchen sie sich Gesprächspartner, um zu erfahren, in wessen „Haut" sie gesteckt wurden. Durch einen Blick auf den Rücken seines Gegenübers weiß der Spieler, mit wem er es zu tun hat.

Gegenseitig stellt und beantwortet man sich jetzt Fragen, die Hinweise auf die eigene Identität geben (z. B.: Bin ich ein Schauspieler? Bin ich eine Frau? Lebe ich noch? usw.). Das Spiel endet, wenn sich alle Spieler selbst erkannt haben. Sollte es für einige „Promis" zu schwierig werden, sich zu erkennen, wird die Spielleitung eine kleine Hilfestellung geben. Der Schwierigkeitsgrad der zu ratenden Personen, d. h. ihre Bekanntheit sollte auf die Gruppe abgestimmt sein.

Spielintention: Kontaktaufnahme, Anregung zum Gespräch, Lockerung.

Atome und Moleküle

Dieses Spiel hätte sicher auch Albert Einstein gefallen. Alle Mitspieler sind Atome, die sich zuerst einzeln und frei im Raum bewegen, bevor sie sich auf Anweisung der Spielleitung zu Molekülen unterschiedlichster Art zusammenballen. Heißt es z. B.: „Molekül fünf!" Dann bilden sich so schnell wie möglich Fünfergruppen. Die übrigbleibenden Atome reihen sich beim nächsten Impuls wieder in die Gruppe ein.

Neben Zahlen lassen sich auch andere Merkmale als verbindender Impuls nennen: Augenfarbe, Geburtsjahr, Haarfarbe, Schuhgröße, Hobbies, Lieblingsgerichte, Farben...

Das Spiel lebt besonders vom schnellen Wechsel der Impulse.

Spielintention: Kontaktaufnahme, Abbau von Berührungsscheu, Spaß an der Bewegung.

Stadtbummel

Unser „Stadtbummel" ist ein aus mehreren Einzelaktivitäten beste-
hender Spielblock, der sich besonders zum Lockern und zur Kontaktaufnahme eignet.
Alle Mitspieler stehen frei in einem Raum, der genügend Bewe-
gungsfläche bietet. Die Spielleitung gibt Anweisungen, die von der
Gruppe – meistens mit viel Freude und Heiterkeit – ausgeführt werden sollen. (Alle 60 Sekunden erfolgt eine neue Anweisung): „Stellt
euch vor, wir machen einen Stadtbummel durch eine größere
Stadt:

- Wir gehen umher, schauen niemanden an, fassen keinen an...
- Wir nehmen jetzt die anderen Leute wahr, schauen sie an, sehen
  ihnen beim Vorbeigehen in die Augen...
- Unterwegs treffen wir Bekannte und schütteln Hände, viele Hän-
  de, immer mehr Hände...
- In der Fußgängerzone tummeln sich viele Menschen. Kinder hüp-
  fen und springen wie wild vor Freude...
- Paare machen untergehakt einen Schaufensterbummel...
- Eine Gruppe Jugendlicher hat eine Schlange gebildet (Hände
  auf Schultern des Vordermannes) und zieht beschwingt durch die
  Straße...
- An einer Ecke treffen wir auf unsere Freundin/unseren Freund,
  die/den wir ewig lange nicht gesehen haben und begrüßen ihn ganz
  herzlich...
- Wir gehen weiter und sehen eine Reihe lustiger Typen und komi-
  scher Kauze. Einige begrüßen sich auf eine völlig neue Art (z.B.
  zart am Ohrläppchen ziehen), andere führen einen Zeitlupen-
  Boxkampf durch und wieder andere bewegen sich auf verrückte
  Art vorwärts (z.B. wie ein Fisch im Wasser)...
- Alle Fußgänger laufen durcheinander und zwar ganz vorsichtig
  und behutsam. Für einen Augenblick schließen sie dabei die Augen...
- Wir laufen immer noch durcheinander. Jeder ‚verschenkt' ein
  Geschenk an drei Personen, indem er sagt ‚Ich schenke dir...',
  dann geht er weiter...

Bewegungsausschnitt vom „Stadtbummel"

- Es beginnt zu regnen. Jeder geht zu dem, der das fröhlichste Gesicht macht, der am lustigsten angezogen ist, den man am liebsten mit nach Hause nehmen möchte, stellt sich unter einen imaginären Regenschirm und spaziert durch den Regen.
- Alle gehen wieder umher. Je zwei Spieler/innen verabschieden sich für lange Zeit."

Spielintention: lockere Kontaktaufnahme, bewußtes Erleben, Spielfreude.

Auswertung: Wie wurden die einzelnen Spielaktivitäten erlebt? Wie habe ich mich gefühlt? Welche Spiele gefielen mir, welche weniger? Warum?

Abstellknopf

Ein reizvolles Warming-up-Spiel, das als Paarübung durchgeführt wird. Eine Maschine ist defekt. Sie gibt ohne Unterbrechung ein und dasselbe Geräusch von sich, bis der Techniker den Fehler entdeckt und abstellt. Dazu muß sich der „Maschine"-Spieler Geräusch und Körperstelle ausdenken, die der „Techniker" mit seinen Händen suchen muß. Hat er die Stelle ertastet, endet das Maschinengeräusch und die Rollen werden getauscht.

Spielintention: Abbau von Berührungsängsten, Lockerung.

Mein Name

Karl, Fritz, Bärbel, Anna, Richard, Peter. Alle laufen wir zeitlebens mit den Vornamen herum, die uns unsere Eltern nach mehr oder minder langer Überlegung gaben.

Bei diesem kleinen Spiel geht es darum, daß jeder in der Runde erzählt, welche Erfahrungen er mit seinem Namen gemacht hat:

- Gefällt dir dein Name?
- Wie hättest du lieber geheißen?
- Was bedeutet dir dein Name (auch Familienname)?
- Welchen Spitznamen hast (hattest) du?
- Welchen Namen würdest du deinen Kindern geben?

Beginnen darf, wer die meisten Vornamen hinter seinem Rufnamen aufweist.

Spielintention: Kontaktaufnahme, Zutrauen zur Gruppe entwickeln, Bewußtmachung, Wahrnehmung der Mitspieler.

Verwirrung beim „Gordischen Knoten"

Gordischer Knoten

Glaubt man der griechischen Mythologie, so war zwischen Deichsel und Joch eines dem Zeus geweihten Wagens ein Knoten geknüpft, der Gordische Knoten. Wer ihn löste, sollte Weltherrscher werden. Alexander der Große zerhieb ihn mit dem Schwert. Bei unserem Spiel geht es um ein weit bescheideneres, wenn auch für die Mitspieler sehr wertvolles Ziel: die Kontaktaufnahme. Dafür bilden die Teilnehmer einen Stehkreis und geben einander die Hände. Wir lassen einen scheinbar unentwirrbaren Knoten entstehen. Die Hände dürfen nicht losgelassen werden. Durch Durchschlüpfen und Darübersteigen („Welche Hand gehört mir?"), mit etwas Geschick und Strategie, löst sich der Knoten wieder in einen Kreis auf. Das ganze läßt sich übrigens auch blind spielen.

Spielintention: Kontaktaufnahme, Kooperation, behutsamer Umgang mit seinen Mitspielern.

Steckbrief

Je zwei Spieler setzen sich gegenüber und betrachten sich für eine feste Zeit von 3 Minuten ganz genau.

Nachher sollen sie eine Beschreibung des Gegenübers abgeben, die es ermöglicht, einen genauen Steckbrief anzufertigen.

Spielintention: Interesse am Mitspieler wecken, Wahrnehmung.

Begrüßungen

Um das Bewußtsein von Begrüßungsformen und gewohnheitsmäßigem Verhalten geht es bei diesem kleinen Spiel.

Die Teilnehmer werden gebeten, im Raum umherzugehen und sich zu begrüßen, aber hierbei weder die Stimme noch die Hände einzusetzen.

Spielintention: erleben fehlender Ausdrucksmöglichkeiten, entwikkeln alternativer Begrüßungsformen, Gespräch über das Erlebte und alltägliche Begüßungsrituale.

Blinde und Sehende

Material: Kassetten (CD's, Schallplatten) mit ruhiger Musik.

Auch dieses Spiel ist etwas für Gruppen, die sich schon besser kennen.

Die Spielgruppe wird in Paare aufgeteilt, die nacheinander verschiedene Aufgaben ausführen:

1. Der Blinde wird an beiden Händen und mit sprachlicher Unterstützung durch den Raum geführt.
2. Der Blinde wird nur mit der Hand geführt (ohne Sprache).
3. Es besteht nur noch Kontakt über mehrere Fingerspitzen (die Partner stehen sich gegenüber).
4. Der Blinde wird durch einen Summton des vorangehenden sehenden Partners geführt.

5. Der Blinde geht allein durch den Raum. Der Sehende gibt seine Anweisungen deutlich von einer Raumseite aus.
6. Der Sehende läßt den Blinden bestimmte Gegenstände im Raum ertasten, an Blumen riechen und geleitet ihn über verschiedene Hindernisse wie Stühle und Tische.
7. Die Paare (Blinde und Sehende) tanzen und halten Kontakt mit den Händen. Auf ein Signal werden die Blinden von den Sehenden an andere Sehende weitergereicht.
8. Jetzt sind alle Spieler blind und bewegen sich im Raum.
Sie ertasten ihre Mitspieler (Hände, Gesichter, Haare usw.). Hierfür steht genügend Zeit zur Verfügung.
Am Ende sprechen die Spieler über ihre gemachten Erfahrungen.

Spielintention: Vertrauen entwickeln, nonverbale Kommunikation, Kooperation.

Fußkontakte

Für dieses prickelnde Kontaktspiel setzt sich jeweils ein Paar ohne Schuhe einander gegenüber in einem Abstand, daß sich ihre Füße berühren können. Mit geschlossenen Augen nehmen die Spielpartner über ihre Füße Kontakt miteinander auf.

Steigerung: Die beiden setzen sich im Schneidersitz einander gegenüber, schließen die Augen, nehmen vorsichtig Kontakt mit ihren Händen auf und erkunden so einander.

Spielintention: Berührungsängste bewußt erleben und thematisieren, zärtlich miteinander umgehen lernen.

Einbrechen

Die Spieler bilden zwei gleichgroße Gruppen. Die eine verläßt den Raum, während die andere Gruppe einen dichten Kreis bildet (Arme auf die Schultern legen). Nun verabredet der Kreis ein bestimmtes Verhalten (z.B. den Rücken streicheln, sanft am Ohrläppchen ziehen, das linke Bein kraulen), bei dem er sich öffnet.

Die Außengruppe wird hereingebeten und versucht, das verabredete Zeichen zu finden, indem sie verschiedene Verhaltensweisen ausprobiert. Jeder steht hinter einem Spieler der Kreisgruppe. Wer von der Außengruppe das Richtige herausgefunden hat, indem er z. B. einer Person des Innenkreises den Bauch streichelt, wird in den Kreis hineingelassen.

Variation: Eine Gruppe bildet mit Handfassung einen fest geschlossenen Innenkreis, während die andere Gruppe (oder einzelne Mitspieler) ohne Gewaltanwendung versucht, in den Kreis einzubrechen.

Spielintention: Kontaktaufnahme, Berührungsängste bewußt erleben und besprechen, behutsam miteinander umgehen.

Punkt-Dialog

Material: je Teilnehmer ein Schminkstift.

Ein Spieler nimmt einen Schminkstift seiner Wahl in die Hand. Alle Mitspieler bewegen sich durch den Raum. Jeder versucht nun, eine Person zu finden, der er mit seiner Farbe einen Punkt ins Gesicht setzen darf. Dialog-Beispiel: „Du magst bestimmt gelb?" – „Wie kommst du darauf?" – „Bei deiner freundlichen Ausstrahlung! Darf ich dir einen Punkt aufmalen?" – „Nein, lieber nicht." – Oh, Verzeihung. Dann hab' ich mich wohl geirrt." Die beiden Spieler gehen wieder auseinander.

Wer mit einem Punkt gekennzeichnet ist, setzt sich mitten unter die Gehenden.

Spielintention: Kontaktaufnahme, Eingehen auf die Mitspieler, Sensibilität, Dialog.

Identifikationen

Material: vorbereitete Karten mit Begriffen.

Die Spielleitung hängt Karten (DIN-A-5) mit verschiedenen Begriffen oder Eigenschaften im Raum auf. Jeder Spieler soll sich zu einem der Begriffe stellen. Haben sich alle Spieler zugeordnet, erklären sie kurz, warum sie gerade *die* Eigenschaft gewählt haben. Anschlie-ßend werden neue Begriffe aufgehängt und das Spiel beginnt von vorn.

Beispiele für Begriffe-Karten:

- Katze, Hund, Fisch, Vogel, Schlange
- Sonne, Regen, Wolke, Wind, Donner
- Wasser, Sand, Palme, Gras, Steine
- gelb, rot, lila, blau, grün

Spielintention: Kennenlernen, sich mit den Mitspielern beschäftigen, ins Gespräch kommen.

Über die Köpfe

Alle Teilnehmer stellen sich für dieses Warming-up-Spiel in einer engen Doppelreihe mit dem Gesicht nach vorne auf. Der vorderste Spieler lehnt sich zurück, wird emporgehoben und über den Köpfen der Mitspieler nach hinten durchgereicht. Beim ersten Spieldurch-gang könnten Ängste bestehen, fallengelassen zu werden. Das Ge-wicht verteilt sich jedoch – selbst bei schweren Mitspielern – auf so viele Hände, daß es in der Regel keine Probleme gibt. Wir sollten dennoch vor Spielbeginn über mögliche Ängste sprechen.

Spielintention: Warming-up-Spiel, Vertrauensübung, ungewöhnliche Körpererfahrung.

Orangentour

Material: Orange, Banane, kleiner Ball.

Für dieses schöne „Erwärmungsspiel" stellen sich die Spieler im Kreis auf. Auf ein Zeichen der Spielleitung hin klemmt sich ein Teilnehmer die Orange unter das Kinn, dreht sich zum rechten Nach-barn und gibt den Apfel ohne die Hände einzusetzen an ihn weiter. Dieser versucht dasselbe mit seinem Nachbarn.

Das Spiel ist zu Ende, wenn die Orange (Ball oder Banane) wieder beim ersten angelangt ist. Fällt sie zwischendurch zu Boden, wird bei dem Spieler begonnen, der sie als letzter unter dem Kinn halten konnte.

Spielintention: Auflockerung, Kontaktaufnahme, Kooperation, Spaß.

Telekom

Dieses Spiel hat etwas mit dem Zustandekommen drahtloser Kommunikation zu tun.

Alle Spieler setzen sich paarweise mit ihrem Rücken zueinander in einen Kreis. Die Spielleitung erläutert die Spielregel: Wem einmal auf die Schulter geklopft wird, hat eine Verbindung erhalten, bei zweimaligem Klopfen ist die Verbindung unterbrochen. Die Spieler können vor Spielbeginn einem Beruf oder einem Prominenten zugeordnet werden, mit dem sie fragen bzw. antworten sollen. Die Spielleitung kann immer neue Verbindungen herstellen, ohne daß jemand weiß, mit wem er gerade verbunden ist.

Spielintention: Kontaktaufnahme, Spannung, originelle Dialoge, Spaß.

Begrüßungen

Die Spieler gehen im Kreis umher und versuchen auf ein Kommando der Spielleitung, so viele Hände wie möglich zu schütteln und dabei deutlich ihren Namen zu sagen. Nach etwa 2 Minuten gibt es jeweils eine neue Anweisung: zuwinken, unterkühlt grüßen, überschwenglich auf den anderen zugehen; den Lehrer, den Chef begrüßen; hochnäsig, arrogant, belanglos, gelangweilt grüßen; den tollen Typ/das nette Mädchen, das man gerne näher kennenlernen würde, grüßen; verliebt, erotisch...

Spielintention: unterschiedliche Grußformen bewußt erleben und thematisieren, (non)verbale Ausdrucksmittel erfahren, über Grußrituale sprechen.

Anruf
von „Telekom"

Lebensbilder

Material: Makulaturpapierrolle, dicke Filzstifte, Tesakrepp.

Für dieses intensive Kennenlernspiel, das in der Regel bis zu einer Stunde dauert, bilden wir Paare.

Ein Spieler zeichnet die Körperumrisse seines Partners mit einem Filzstift auf eine entsprechend große Papierunterlage. Dann erhält der Gezeichnete den Filzer und füllt seinen Körperumriß mit Leben, indem er hineinschreibt und hineinzeichnet, was er so macht, wo er lebt, welche Vorlieben und Abneigungen er hat, Interessen, Hobbys, Zukunftswünsche, Sehnsüchte, Sorgen usw.

Ist die Umrißzeichnung mit „Leben" gefüllt, tauschen die Spielpartner die Rollen. Sind beide Zeichnungen fertig, werden sie aufgehängt. Die Mitspieler gehen herum und stellen Fragen zu den einzelnen „Lebensbildern".

Spielintention: intensives Kennenlernen, Selbstdarstellung, Sensibilisierung.

Kontaktanzeige

Material: Papier, Schreibzeug und kleine Zettel.

Ein reizvolles, freches Spiel, für das sich die Gruppe schon etwas kennen sollte. Durch Ziehen von Namenszetteln erhält jeder den Namen eines Mitspielers, für den er eine Anzeige zwecks Suche eines Partners formulieren soll. Nach etwa 10 Minuten werden die Anzeigen eingesammelt und von der Spielleitung vorgelesen. Sowohl der Beschriebene als auch der Schreiber sind zu erraten.

Dann kann der Betroffene Stellung nehmen, ob er sich wiedererkennt und ob sein Partnerwunsch getroffen wurde. Eventuell kann auch in der Gruppe besprochen werden, ob es gemeinsame Vorstellungen von Partnern gibt, woher das wohl kommt und ob man seinem Wunschbild schon einmal begegnet ist.

Einige Inspirationen aus dem Anzeigenmarkt:

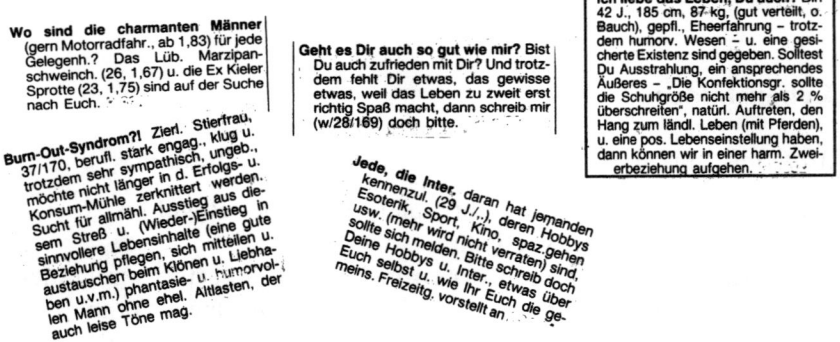

Spielintention: Fremd- und Selbsteinschätzung, Wahrnehmung, Einfühlungsvermögen, Artikulation von Wunschvorstellungen.

Psycho-Strip

Material: 75 vorbereitete Spielkarten (mindestens 5–6 pro Spieler),
Papier und Filzstifte.

Ein wirklich freches Spiel zum intensiven Kennenlernen, an dem die
Spielleitung selbst teilnehmen sollte, um ein möglichst offenes Klima
zu entwickeln.

Alle Teilnehmer sitzen im Kreis. In dessen Mitte liegt ein gemischter, umgedrehter Kartenstoß mit Instruktionen.

Nacheinander nimmt jeder Spieler im Uhrzeigersinn eine Karte
ab, liest die Anweisung laut vor und führt sie sogleich aus. Vor Spielbeginn einigen sich die Teilnehmer auf 3 Regeln:

1. Das Spiel ermöglicht jedem Mitspieler Selbsterfahrungen. Es ist
   jedoch kein Ersatz für eine systematisch betriebene Gruppen-
   dynamik.
2. Jeder Spieler erhält für seine Spielausführung von der Gruppe eine
   ehrliche und offene Rückmeldung. Der Ausführende äußert sich
   zu den Beiträgen der Mitspieler.
3. Möchte ein Spieler eine für ihn unakzeptable Aufgabe nicht durchführen, kann er sie ablehnen.

Die folgenden 75 Instruktionsvorschläge sind auf Karten (ca. 7 ×
10 cm) zu übertragen und können als Spielmaterial eingesetzt werden:

- Sage jedem Mitspieler etwas, von dem du annimmst, daß es ihn
  freut.
- Hättest du 3 Wünsche frei, was wünschtest du dir?
- Meinst du, daß man als Erzieher Kindern manchmal einen Klaps
  hintendrauf geben muß, um sie zum richtigen Verhalten zu brin-
  gen?
- Findest du schnell Kontakt zu fremden Menschen?
- Erzähl' uns, welchen Persönlichkeitstyp du am ehesten verkör-
  perst und inwiefern.
- Inwiefern bist du eitel oder stolz?
- Formuliere für dich selbst eine Annonce als Bewerbung für deinen
  „Traumberuf".

- Hältst du dich für einen Pessimisten?
- Wärest du ruhiger und ausgeglichener, wenn es keine Uhren gäbe?
- In welchen Situationen bist du regelmäßig gerührt?
- Würdest du dich eher für „hart" oder „weich" halten und inwiefern?
- Schreibe für jeden Mitspieler eine freundliche Schmeichelei auf. Ein Mitspieler liest vor und läßt erraten, wem welche Bemerkung zugedacht war.
- Erzähle über dich und schneide dabei kräftig auf.
- Welche drei Dinge machen dich besonders nervös?
- Stelle dir vor, du wärst ein winziges Teilchen und könntest deinen eigenen Blutkreislauf durchfahren. Welche Erlebnisse hast du dabei? Beschreibe sie.
- Versuchst du, den Umgang mit schwierigen Menschen zu meiden?
- Beschreibe, wie du nach außen wirkst und inwieweit dieser Eindruck falsch ist.
- Stelle drei Körperhaltungen dar, die Arroganz und Überheblichkeit zum Ausdruck bringen.
- Parodiere zwei Mitspieler auf lustige Weise.
- Stelle eine verwandtschaftliche Beziehung zwischen dir und Wolfgang Amadeus Mozart dar.
- „Modelliere" einen (freiwilligen) Mitspieler so, wie du ihn nicht sehen möchtest (Haltung, Mimik usw.).
- Würdest du einen Beruf, der dir Spaß macht, aber wenig Geld einbringt, für einen uninteressanten Job eintauschen, der mehr als doppelt soviel Geld bringt?
- Wärst du gerne noch einmal sechs Jahre alt?
- Glaubst du, daß dir das interessanteste Ereignis deines Lebens noch bevorsteht?
- Sage jedem Mitspieler etwas, das du ihm normalerweise nie sagen würdest.
- Ist in deinem Bekanntenkreis eine Person, die du beneidest?
- Wenn es ein Medikament geben würde, mit dem du 300 Jahre alt werden könntest, würdest du es nehmen und was hättest du dann vor?

- Du hast jetzt die Möglichkeit, jedem Mitspieler offen und ehrlich zu sagen, was du am liebsten mit ihm tätest.
- Welche pantomimischen Möglichkeiten hast du, um zu signalisieren: „Ich möchte nicht mehr allein sein"?
- Was hältst du im allemeinen vom anderen Geschlecht?
- Mache zu jedem Mitspieler eine lustige Bewegung.
- Bringe drei Dinge, die du am liebst tust, in eine Rangfolge.
- Sprich über dein markantestes Merkmal. Wie zeigt es sich?
- Frage jeden Mitspieler etwas Konkretes, was du über ihn wissen willst.
- Würdest du in einer großen Hungersnot auch deine Katze essen?
- Was hältst du vom Weinen in Gegenwart anderer?
- Was würdest du tun, könntest du die Zukunft anderer Menschen voraussehen?
- Beschreibe eine imaginäre Begegnung mit einer verstorbenen Person deiner Wahl.
- Flüstere jedem Mitspieler ein Wort ins Ohr, das dir bei seinem Anblick gerade einfällt.
- Erkläre jedem Mitspieler, inwiefern du ihm ähnlich bist.
- Machst du dir über deine Zukunft häufig Gedanken?
- Welches Verhalten eines anderen würde für dich das Ende einer Freundschaft bedeuten?
- Wenn du erfahren würdest, in einem Vierteljahr sterben zu müssen, wie würdest du dann weiterleben?
- Mit wem aus der Gruppe würdest du für ein Jahr auf einer einsamen Insel zusammenleben?
- Nenne einige Persönlichkeitsmerkmale, die du gerne besitzen würdest und nicht im gewünschten Ausmaß besitzt.
- Wenn man Begabungen kaufen könnte, für welche würdest du 100 000 Mark ausgeben?
- Schildere den ersten Eindruck, den du machst.
- Erläutere uns, inwiefern du ein geselliger bzw. ungeselliger Mensch bist.
- Wenn du so berühmt wärst, daß dich jeder sofort auf der Straße erkennt, wäre dir das unangenehm?
- Gehe zu jedem Mitspieler und sage etwas Nettes.
- Formuliere eine Heiratsanzeige für dich selbst.

- Würdest du gerne etwas Böses tun, und wenn ja, was und warum?
- In welchem Jahrhundert würdest du gerne leben und warum?
- Verhalte dich einmal völlig ungeniert.
- Hättest du gern einen anderen Vornamen? Wenn ja, welchen?
- Stelle drei Körperhaltungen dar, die gelöste Selbstzufriedenheit ausdrücken.
- Sagst du jemandem die Wahrheit, auch wenn du weißt, daß es für ihn verletzend ist?
- Schau einem Mitspieler fest in die Augen, bis er lachen muß.
- Schreibe für jeden Mitspieler einen Fantasienamen auf, der sein Wesen zum Ausdruck bringt. In 5 Minuten werden die Namen vorgelesen.
- Stört es dich, wenn du in der Bahn oder im Restaurant sitzt und jemand ein Gespräch anfangen will?
- Sage jedem Mitspieler etwas, von dem du annimmst, daß es ihn überrascht.
- Welche Rolle spielt die Einsamkeit in deinem Leben?
- Beschwerst du dich beim Kellner, wenn du mit einem Essen nicht zufrieden bist?
- Sage dir einmal schonungslos die Meinung.
- Hättest du gerne einen größeren Bekannten- oder Freundeskreis?
- Gibt es eine Charaktereigenschaft, die dir schon einmal sehr geschadet hat?
- Sage jedem Mitspieler, was du besonders an ihm magst.
- Nimm nacheinander drei Körperhaltungen ein, die dein Wesen gut ausdrücken.
- Würdest du nachts allein zwei Kilometer einen unbekannten Wald zur nächsten Stadt durchqueren?
- Sage jedem Mitspieler, woran er dich erinnert.
- Äußere einem Mitspieler gegenüber einen erfüllbaren und einen unerfüllbaren Wunsch.
- Gib eine kurze Würdigung deiner Persönlichkeit.
- Interpretiere drei beliebige Verkehrszeichen als Ratschläge für den Umgang mit deinen Mitmenschen.
- Nenne drei Argumente, die für die Großfamilie sprechen.
- Welche Eigenschaften siehst du bei anderen am liebsten?

Blitzlicht beim „Psycho-Strip"

Natürlich kann die Spielgruppe jederzeit eigene Instruktionen (Anweisungen) erfinden und ins Spiel bringen. Die Karten sind auf den Teilnehmerkeis abzustimmen.

Spielintention: intensives Kennenlernen, Abbau von Hemmungen, Kommunikation, Kritik äußern und annehmen, Wünsche artikulieren, sprachlicher und mimisch-gestischer Ausdruck, Selbstdarstellung, Kontaktfähigkeit fördern, Belastbarkeit.

Freundschaftsbilanz

Material: Vorbereitete Karten.

Weißt du noch, was wir damals alles zusammen angestellt haben?" So oder ähnlich könnte ein Gespräch zwischen zwei Freunden beginnen, die sich nach langer Zeit zufällig treffen. Es wird über vergangene

Tage, gemeinsame Schulerlebnisse, vollbrachte „Glanzstücke" und das gesprochen, was beide miteinander verbindet. Nennen wir es Nachholbedarf oder Wiedersehensfreude. Auf alle Fälle wird die Freundschaft aufgefrischt. Warum überlassen wir so viele Dinge dem Zufall? Deshalb laden wir zu unserer Fete Freunde von damals und heute ein.

In einer Art „Freundschaftsbilanz" werden Karten mit jeweils einem Thema beschriftet, dann gemischt und gleichmäßig verteilt. Reihum spricht jeder Teilnehmer über die Themen, die er erhalten hat – bezogen auf einen oder mehrere Anwesende. An zwei Regeln haben sich alle zu halten:

1. Die Äußerungen müssen ehrlich und ohne Abschweife sein.
2. Alle bemühen sich redlich, niemandem etwas übelzunehmen, selbst freche Bemerkungen nicht.

Themenvorschläge für die „Bilanz"-Karten:

- Erster Kontakt/erste Begegnung
- Wie entwickelt sich die nähere Beziehung?
- Gemeinsame Erlebnisse
- Verbindende Ereignisse/Erlebnisse
- Gab es Störungen/Verstimmungen?
- Wie entstand die engere Freundschaft?
- Gemeinsame Freunde
- Gemeinsame Vorlieben und Abneigungen
- Unterschiedliche Auffassungen
- Unterschiedliche Lebensweisen
- Gemeinsamkeiten der augenblicklichen Lebenssituation
- Gemeinsame Anschauungen

Dieses Spiel eignet sich vorrangig für einen Personenkreis, der sich sehr gut kennt, um alte Freundschaften aufzufrischen und gegenwärtige zu festigen.

Spielintention: sachliches Gespräch über freundschaftliche Beziehungen, Mißverständnisse vermeiden, Toleranz üben.

Bessern kann sich jeder

Material: Blätter mit vorbereitetem Fragenkatalog.

Schlechte Angewohnheiten schaden uns, indem sie die Kommunikation mit unseren Mitmenschen nicht nur kurz-, sondern auch langfristig negativ beeinflussen.

Dieses Kommunikationsspiel ist nur für kleinere Gruppen geeignet, die sich bereits gut kennen. Jeder Teilnehmer erhält ein Blatt Papier, auf dem 15 Fragen zu den eigenen schlechten Angewohnheiten stehen. Hinter jede Frage ist eine Zahl von 0 bis 4 zu schreiben.

0 = nie
1 = selten
2 = manchmal
3 = öfter
4 = sehr oft.

Nach der Selbsteinschätzung wird der ausgefüllte Bogen an die Mitspieler mit der Bitte um Rückmeldung und Kontrolle (Fremdeinschätzung) weitergereicht. Anschließend sprechen alle über ihre weniger angenehmen Angewohnheiten und Möglichkeiten, diese abzustellen. Denn: Bessern kann sich jeder.

Fragenkatalog (Vorschlag):

Habe ich Probleme, wenn jemand konstruktive Kritik äußert? Werde ich dann mürrisch oder ausfallend?	
Unterbreche ich andere beim Sprechen und lenke zu Themen, die mich interessieren?	
Mache ich mich auf Kosten anderer lustig?	
Höre ich anderen zu, wenn sie mit mir sprechen?	
Versuche ich, anderen meine Meinung aufzudrängen?	
Bin ich vorwiegend auf meine Wirkung, z.B. im Mittelpunkt zu stehen, bedacht?	
Versuche ich, eine Unterhaltung ganz allein zu bestreiten?	
Rede ich von meinen Ideen bei jeder Chance, die sich mir bietet?	

Werde ich laut, schreie ich mit anderen, wenn ich aufgebracht oder wütend bin?	
Bin ich ungeduldig, wenn andere nicht meiner Meinung sind?	
Streite ich, statt Meinungsverschiedenheiten zu erörtern?	
Bin ich gekränkt, wenn ich von anderen aufgefordert werde, etwas zu ändern, was ich gemacht habe?	
Bin ich „besserwisserisch" im Umgang mit anderen?	
Äußere ich mich ironisch oder abwertend über Ideen, Verhaltensweisen und Kleidung anderer Menschen?	
Bin ich hin und wieder „launisch" und „ungenießbar"?	

Der Fragenkatalog läßt sich, je nach Wunsch der Gruppe, kürzen oder erweitern.

Spielintention: sich seiner negativen Angewohnheiten bewußt werden, Selbst- und Fremdeinschätzung, Toleranz, offenes Gespräch.

Eisscholle

Material: Zeitungen, Tesafilm.

Mehrere Zeitungsseiten werden zu einem großen Papierbogen zusammengeklebt. Für mehrere Spieldurchgänge empfiehlt es sich, gleich einige Bogen vorzubereiten.

Der große Papierbogen ist eine Eisscholle, auf der alle Spieler – bis auf einen – durch die Arktis treiben. Ein Spieler ist die Sonne, die die Eisscholle zum Schmelzen bringt, indem sie mehr oder weniger große Stücke abreißt. Während er von außen versucht, ein Stück nach dem anderen abzureißen, bemüht sich die Eisschollenbesatzung möglichst lange auf dem Floßersatz zu bleiben. Dennoch kommt es langsam aber sicher zum Bad im kühlen Naß...

Spielintention: Kooperation, Körperkontakt, Körperbeherrschung, Spaß.

52

Ohr zu Knie

Das Spiel ist eine einladende und amüsante Möglichkeit, zugleich mit verschiedenen Spielpartnern und verschiedenen Körperteilen in Berührung zu kommen.
Alle Spieler gehen paarweise im Raum umher. Einer ruft z. B. „Rücken zu Rücken" – und alle lehnen ihre Rücken aneinander.
Kontaktmöglichkeiten könnten auch sein:
Handfläche zu Handfläche, Knie zu Knie, Po zu Po, Auge zu Auge, Wange zu Wange, Nase zu Nase, Ohr zu Knie usw.
Ruft der Spieler „Wechseln!", so finden sich neue Paare zusammen. Wer übrigbleibt, gibt die neuen Anregungen.

Spielintention: Kontaktaufnahme, Abbau von Berührungsängsten, Spaß.

Das Paketspiel

Material: 1 langes Seil.

Das Spiel erfordert ein gewisses Maß an gegenseitiger Abstimmung und Taktik.
Alle Teilnehmer stellen sich eng zusammen. Die Spielleitung bindet um sie herum möglichst eng ein Seil. Aufgabe der Gruppe ist es, als „geschnürtes Paket" so schnell wie möglich von einem Ort A zu einem Ort B zu gelangen.

Spielintention: Abbau von Berührungsängsten, Körperkontakt, Kooperation, Problemlösungsstrategien entwickeln.

Selbstüberwindung, Schlagfertigkeit, Wortwitz und Geltungsfreude: Spiele mit der Sprache

Schlagfertigkeit ist das, was du gern gesagt haben möchtest.

Nüchtern ausgedrückt ist Sprache ein System von Lauten und Zeichen, die durch Regeln miteinander in Verbindung stehen. Unsere Sprache und unsere Gedanken sind eng miteinander verbunden. Manchmal allerdings geht der Gedanke dem Gesagten voraus und es passiert, daß wir sprechen, ohne zu denken.

Immer wieder befinden wir uns, ob in der Schule, am Arbeitsplatz oder in der Freizeit in Situationen, deren Ausgang entscheidend von unseren sprachlichen und rhetorischen Fähigkeiten und unserer Ausdrucksweise abhängt.

Unsere Rede- und Ausdrucksweise beeinflussen die Meinung anderer über uns und nicht zuletzt die eigene Denkweise. Sprache hilft, die Gedanken zu kontrollieren und kontrollierte Worte bedeuten in der Regel einen kontrollierten Geist.

Unsere Sprache macht es möglich, Gefühle und Bedürfnisse auszudrücken. Sie informiert, sozialisiert und entscheidet über den Anteil des Menschen am gesellschaftlichen und kulturellen Leben.

Im spielerischen Umgang mit der Sprache erfahren die Spieler die Wirkung von Tonfall, Lautstärke, Betonung, Sprechgeschwindigkeit und Sprechpausen. Das Kennenlernen der Ausdrucks- und Modulationsfähigkeit der eigenen Stimme ist eine wichtige Selbsterfahrung.

Die folgenden Spielangebote machen den Teilnehmern die Vielfalt sprachlicher Ausdrucksmöglichkeiten bewußt. Emotionen werden sprachlich sichtbar gemacht (Freude, Zuneigung, Ärger, Trauer, Zorn, Aufregung usw.), intensives Sprechen geübt, der Wortschatz erweitert, die „Schlagfertigkeit" trainiert.

Das Erkennen der eigenen sprachlichen Ausdrucksmöglichkeiten fördert z. B. im Rollenspiel das individuelle Differenzieren und die Fähigkeit des Zuhörens, die für ein sinnvolles Kommunizieren unumgänglich sind. Im verbalen Spiel erleben die Teilnehmer auch verschiedene Manipulationsmöglichkeiten durch die Sprache und machen sich bewußt, wie man sich vor ihnen schützen kann.

Spielangebote

Marktschreierspiel

Material: verschiedene Gegenstände wie Kugelschreiber, Kamm, Radiergummi, Handschuh, Portemonnaie usw.

Einen Marktschreier hat jeder schon einmal erlebt. Sein Metier ist es, möglichst wortgewandt ein Produkt an den Mann bzw. die Frau zu bringen.

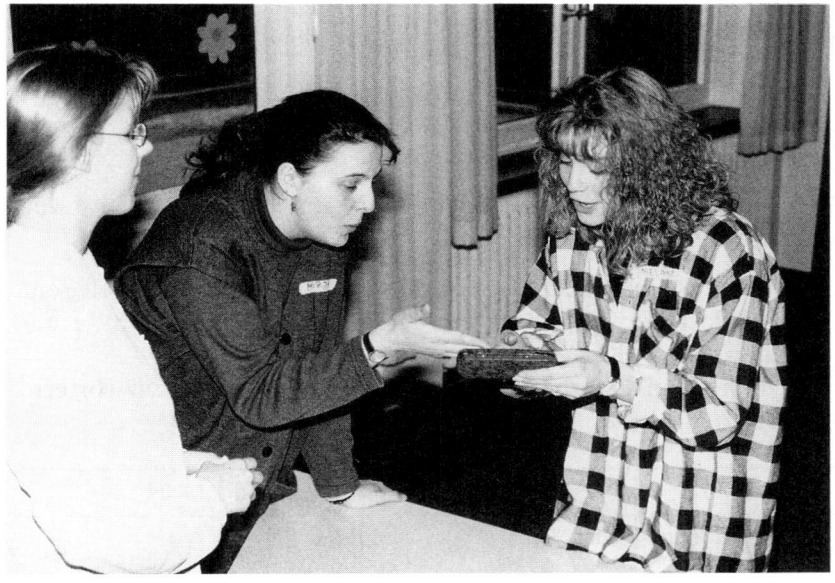

Marktschreierspiel – wortgewandter Produktverkauf

Vor Spielbeginn läßt die Spielleitung beliebige Gegenstände einsammeln. Aus ihnen können sich zwei Spieler je einen Gegenstand aussuchen, den sie nun der geschätzten Käuferschar anpreisen. Daß der angebotene Gegenstand ganz besondere, geradezu fantastische Vorzüge hat, versteht sich von selbst.

Wer erweist sich als besonders ausdauernder Anbieter seiner Ware? Welcher Marktschreier muß zuerst lachen?

Spielintention: Wortgewandtheit, Selbstbeherrschung, Erleben von Lautstärke, Tonfall und Betonung.

Kettenstory

Die Spieler sitzen im Stuhlkreis. Einer beginnt z. B.: „Als ich letztes Wochenende am Strand war, fand ich eine Flaschenpost. Ich öffnete sie und war entsetzt, als ich las..." Jeder Spieler erzählt 2, 3 Sätze an den vorhergehenden Erzähler anknüpfend.

Die Kettengeschichte macht solange die Runde, bis die Spieler der Meinung sind, daß sie ihr Ende gefunden hat.

Spielintention: Erzählfreude, Fantasie, Redegewandtheit.

Reizworttheater

Material: Karteikarten bzw. Zettel im DIN-A-7-Format in 4 verschiedenen Farben, Schreibzeug.

„Reizwörter" können der Ausgangsstoff für viele Stegreifspiele sein. Dafür ordnen wir Wörter 4 verschiedenen Oberbegriffen zu und schreiben sie auf Karten.

Zu folgenden Oberbegriffen werden Karten mit „Reizwörtern" geschrieben:

Gegenstand	Personen	Ort der Handlung	Motiv
z. B.: Tabletten oder: Parkbank oder: Brille	alter Herr Mann + Frau Richter	Apotheke Park Bahnhof	Ärger Annäherung nervös

In Gruppen von 2–5 Mitspielern werden jetzt die zuvor gemischten Karten (für jeden Oberbegriff) gezogen. Dann erfolgt in den einzelnen Spielgruppen eine kurze Absprache von etwa 5 Minuten, und die kurzen Szenen werden nacheinander vorgeführt. Durch das Mischen der Reizwort-Karten ergeben sich immer neue Spielsituationen.

Spielintention: Improvisation, Situationskomik.

Wer spinnt, gewinnt!

„Politiker lügen nicht, sie sagen nur nicht immer die Wahrheit!", soll einmal ein bekannter Volksvertreter gesagt haben. Und so geht es auch in diesem kleinen Spiel zu. Es ist Wahlkampf, und ein neuer Ministerpräsident soll gewählt werden.

Für unser Spiel suchen wir zwei Redner, und zwar für die „A"- und die „B"-Partei.

Das Gekonnte an der Wahlrede ist nun, daß Redner A den Vertreter der B-Partei lobt, während Redner B seinen vermeintlichen Kontrahenten lobt.

Mit zweideutigen Wendungen wird nun der geschickte Redner versuchen, den Gegner zu packen, ohne daß sich jedoch etwas Negatives in die Rede einschleichen darf. Zu Beginn wird für jeden Parteivertreter eine Vorbereitungszeit von etwa 3 Minuten gegeben und eine Redezeit von etwa 2–3 Minuten festgelegt.

Die Zuhörer achten darauf, daß keine negativen Äußerungen fallen. Wer geht rhetorisch besonders geschickt vor?

Spielintention: Redegewandtheit, Einfühlungsvermögen.

Café Deutschland – ein tagespolitisches Manipulationsspiel

Material: vorbereitete Situationskarten.

Daß seit Beginn der 90er Jahre in der bundesdeutschen Bevölkerung, insbesondere bei der Jugend, Resignation und Politikverdrossenheit den gewählten Volksvertretern gegenüber immer mehr zunehmen, müssen selbst die abgebrühtesten Politiker zur Kenntnis nehmen.

Der Begriff der „Möllemänner" wurde zum geflügelten Wort für instinktlose Machtpolitiker in allen Parteien. Sucht man nach politischen Vorbildern für die Jugend, so fühlt man sich wie ein einsamer Rufer in der Wüste.

Dieses neue, überaus freche Spiel lebt von der Tagespolitik, den rhetorischen Fähigkeiten und dem Wortwitz seiner Mitspieler. Es geht darum, sich möglichst wortgewandt aus einer politischen „Affäre" herauszureden, in die man durch das Ziehen einer „Situations- bzw. Skandalkarte" gebracht wird.

Das Spiel läßt sich in zwei Varianten durchführen:

1. Die Spieler sitzen im Stuhlkreis. In der Mitte liegt ein Stapel mit vorbereiteten Situationskarten, die je nach Mitspielerzahl ausreichend vorhanden sind. Jeder Spieler zieht der Reihe nach im Uhrzeigersinn eine verdeckte Karte, liest sie laut vor und äußert sich sofort zum Vorwurf oder der Aussage, die ihm als „Politiker" unterstellt wurde. Die Redezeit wird für jeden Spieler auf maximal 2–3 Minuten festgelegt. Die anderen Mitspieler dürfen dem „betroffenen Politiker" Fragen stellen. Gespielt wird, solange alle Teilnehmer ihren Spaß haben.
2. Die Spielgruppe kann auch in gleichgroße Untergruppen (je 4–5 Personen) aufgeteilt werden. Diese Untergruppen stellen Parteien dar. Nacheinander zieht jeweils der Spieler einer Partei eine Situationskarte und äußert sich hierzu. Alle Gruppen – auch die eigene – haben nun die Möglichkeit, für eine gute rhetorische Leistung einen Punkt zu verteilen. Am Ende wird addiert, und die Partei mit den meisten Punkten bzw. Stimmen wird zum Sieger erklärt.

Für den Spieleinstieg finden Sie hier 30 Textvorschläge, die auf Karten (ca. 7 × 10 cm) zu übertragen sind und als Spielmaterial (Situations- und Skandalkarten) eingesetzt werden. Ein Blick in die Tagespresse genügt, um die Spielkarten fortzuschreiben und auf aktuellem Stand zu halten.

Vorschläge:

– Nachdem Sie über Ihren eigenen Rentenskandal gestolpert sind, hat Ihnen ein Nachrichtenmagazin Beziehungen zur Unterwelt vorgeworfen. Man warf Ihnen vor, einen Schwerverbrecher als Bodyguard eingesetzt zu haben. Wie erklären Sie sich diese Vorwürfe?

– Man wirft Ihnen Ämterhäufung vor. Besonders verübelt man Ihnen, daß Sie als Abgeordneter in sieben Aufsichtsräten großer Firmen sitzen. Wie erklären Sie dies dem Wähler?

– Man wirft Ihnen vor, informeller Mitarbeiter der Stasi gewesen zu sein, Sie wollen jedoch Ihr mühsam erschlichenes politisches Mandat nicht abgeben. Nachdem eindeutig feststeht, daß Sie überzeugter „IM" waren, haben Sie 2 Minuten Zeit, Ihre Wandlung zum Demokraten überzeugend darzustellen.

– Sie können das Wort von der „Politikverdrossenheit" schon nicht mehr hören. Machen Sie Ihren Wählern mit 5 Kernaussagen klar, warum diese Behauptung nicht stimmt.

– Das neidische Wahlvolk scheint Ihnen die hart erredeten Abgeordnetendiäten nicht zu gönnen. Machen Sie uns in 1–2 Minuten deutlich, warum Sie als Junggeselle mit Ihren 15 000 Mark monatlich nur geradeso über die Runden kommen.

– Letzte Woche haben Sie als Experte für Abrüstung an einer Kreuzfahrt mit Vertretern der Rüstungsindustrie teilgenommen. Irgendein frecher Journalist hat dieses im Fernsehen ausgeplaudert. Wir bitten um 3 überzeugende Ausreden oder Argumente für Ihre Teilnahme an dieser Freizeitaktivität.

– Sie kennen einen Fraktionskollegen, der es geschafft hat, mit Anstand 4 Legislaturperioden durchzustehen. Sie haben aus Gründen der Parteiräson stets Ihr Gewissen zurückgestellt und sich der Mehrheitsmeinung angeschlossen. Sagen Sie uns, ob zwischen Ihnen und Ihrem Kollegen eine Art Seelenverwandtschaft besteht.

– Sie haben vor, Bildungsminister zu werden und wissen, daß Amt und Qualifikation nicht unbedingt in einer Hand liegen müssen. Dennoch stellen Sie Ihr großes Wissen vor Fernsehjournalisten unter Beweis, indem Sie 3 (von Mitspielern) gestellte Fragen richtig beantworten.

– Sie waren an der Weitergabe von geheimen Konstruktionsplänen für den U-Boot-Bau beteiligt. Sie müssen vor dem Untersuchungsausschuß Rede und Antwort stehen. Begründen Sie Ihre Ahnungslosigkeit in 5–6 Kernaussagen.

– Obwohl Sie sich bei vielen Skandalen um Ihre Person stehts auf Ihr schlechtes Gedächtnis berufen konnten, haben Sie es zum Minister gebracht. Welche Funktion hat Ihrer Meinung nach das Gedächtnis in der Politik?

– Die Presse wirft Ihnen Vetternwirtschaft vor. Sie jedoch machen dem Wahlvolk mit wenigen Sätzen ein für allemal klar, daß Sie niemals vor Zeugen mit Ihrem Vetter in einer Wirtschaft gesessen haben.

– Sie haben sich vorgenommen, im kommenden Jahr als Politiker nur noch die Wahrheit zu sagen. Nennen Sie uns einige Gründe für diese Einsicht.

– In der Öffentlichkeit ist bekannt geworden, daß Sie und Ihre Familie ständig Dienstwagen für private Touren genutzt haben. Lassen Sie sich 3 glaubhafte Ausreden für Ihre Unwissenheit einfallen.

– Die Neider gönnen Ihnen nicht, daß Sie nach einjähriger Zeit als Minister und Ihrem zwangsweisen Rücktritt nunmehr die Freuden eines hochbezahlten Spaziergängers genießen. Was sagen Sie Ihren Neidern?

– Sie sind als Abgeordneter in betrunkenem Zustand von der Polizei gestoppt worden. Überzeugen Sie die Beamten davon, warum es notwendig ist, daß gerade Sie aus dieser Angelegenheit straffrei hervorgehen.

– Sie haben mehrere Milliarden Mark im Rahmen der Wiedervereinigung „verschwinden" lassen, was Ihnen böswillige Zeitgenossen unterstellen. Nehmen Sie als ehemaliger Alt-Kommunist und heutiger bayerischer Villenbewohner Stellung zu diesem schier unglaublichen Verdacht und sagen Sie uns, wie und wovon Sie heute Ihr bescheidenes Leben bestreiten?

– Die Gegner werfen Ihrer Partei vor, daß es bei Ihnen zugehe, wie bei Hempels und Krempels und das nur, weil eine Ihrer Staatssekretärinnen ihre Nachmittagskaffeetouren im Dienstwagen mit Blaulichtunterstützung einer Polizeieskorte unternimmt. Was sagen Sie zu diesen Kritikern?

- Sie haben für Ihre Partei große Spenden eingenommen, ohne sie zu versteuern. Was sagen Sie dem frechen Staatsanwalt, der Sie deswegen belangen will?
- Sie sind von einem Parteifreund ausgetrickst worden. Er hat die heimlich im Bordell aufgenommenen Fotos von Ihnen an die Presse weitergeleitet. Wie paßt dieser Tatbestand zu Ihnen als Moralpolitiker? Finden Sie eine bis zwei gute Ausreden.
- Als Minister sind Sie über einen Plastikchip gestolpert, d.h. Sie wollten mit Hilfe Ihres Amtes einem Verwandten bei der Vermarktung eines Produktes helfen. Erklären Sie mit einigen Sätzen dem Wahlvolk, daß Sie sich keiner Schuld bewußt sind (mit Begründung bitte).
- Ein Schelm hat Ihre Doktorarbeit ausgegraben und festgestellt, daß Sie das Parteiprogramm ihrer heutigen Gegner abgeschrieben haben. Bitte sprechen Sie 2 Minuten lang darüber, warum der Gesinnungswandel für den Politiker so überlebenswichtig ist.
- Als starker Kettenraucher und Politiker setzen Sie sich vehement für die Volksgesundheit und den Umweltschutz ein. Wie bringen Sie Ihr persönliches Verhalten mit Ihren politischen Absichten glaubhaft unter einen Hut?
- Mit dem Spruch von der „Gnade der späten Geburt" haben Sie als Politiker einen Ihrer größten Kabaretterfolge gefeiert. Bitte nennen Sie uns mindestens einen weiteren politischen Nonsensspruch.
- Sie haben mehrfach als Abgeordneter öffentlich zum Ausdruck gebracht, daß Sie zu wenig verdienen. Begründen Sie diese Behauptung auf der Grundlage Ihres erlernten Berufes als Verwaltungsangestellter.
- Böse Gegner werfen Ihnen Etikettenschwindel vor, nur weil Sie den Abbau sozialer Leistungen als „Reformpolitik" bezeichnen. Überzeugen Sie die Wähler in 2 Minuten davon, daß es heute jedem Sozialhilfeempfänger fast so gut geht wie einem Minister.
- Auf dem berühmten „Dreikönigstreffen" Ihrer Partei sind Sie Schützenkönig geworden. Sie haben es geschafft, einen Ihrer politischen Freunde abzuschießen, indem Sie ihm nachweisen konnten, daß er innerhalb eines Monats viermal seine Meinung wechselte.

- Eines der berühmtesten neuzeitlichen Märchen ist das „vom Politiker und seiner Schublade", in der er Tausende Mark sammelte, um sie seinem ärgsten politischen Gegner zu schenken. Als Inhaber des „Lehrstuhls für Volksverdummung" halten Sie ein Kurzreferat (ca. 2 Minuten) zum Thema „Wie naiv muß man sein, um Minister zu werden?"
- Als Dank für Ihre Wahl zum Finanzminister offerieren Sie Ihren Wählern drei neue, völlig verrückte, aus der Luft gegriffene Steuern. Welche fallen Ihnen ein, um die übersättigten Bürger zu schröpfen?
- Es ging Ihnen wie vielen anderen Politikern auch. Sie mußten wegen Inkompetenz Ihr Ministeramt im Westen abgeben. Dank der Wende offerierte man Ihnen bereits wenige Wochen später ein Ministeramt im Osten. Wie haben Sie sich in dieser kurzen Zeit die Kompetenz für dieses hohe Amt angeeignet, wo doch schon eine gewöhnliche Handwerkerlehre 3 Jahre und mehr dauert?
- Sie sind ein echter „Amigo", ein guter Freund der Wirtschaft und nutzen dankbar deren Freiflüge, Freifahrten in Luxusautos und sonstigen Aufmerksamkeiten. Erklären Sie mit einigen Sätzen dem skeptischen Publikum, daß diese Vergünstigungen nichts mit Bestechlichkeit zu tun haben, sondern der Bevölkerung zugute kommen.

Spielqualität: Interesse an politischen Themen wecken, Manipulation durch Sprache bewußt machen, Spaß am Wortspiel.

Klinkenputzer

Dieser etwas respektlose Begriff steht für Leute, die anderen so richtig schön etwas andrehen können: Vertreter. Eine echte Verkaufskanone ist natürlich, wer Eskimos einen Kühlschrank andreht oder Höhensonnen an australische Strandkorbbesitzer verkauft. Für unser Spiel bilden wir immer 2 Spielpaare. Nacheinander spielen sie sich kleine Szenen vor, wie einer versucht, dem anderen mit allen Mitteln etwas anzudrehen. Der Spielpartner läßt sich jedoch nicht überreden und begegnet dem Vertreter mit einer Menge verrückter Fragen und dummer Sprüche.

Spielqualität: sich behaupten und durchsetzen können, Spaß am Wortspiel haben.

Ordensverleihung

Material: Papier und Schreibzeug für Notizen; gegebenenfalls einige Papporden.

Ein Mitspieler hat sich – ohne es zu wissen – in ganz besonderer Weise verdient gemacht und soll dafür mit dem Bundesverdienstkreuz ausgezeichnet werden.

Bei diesem amüsanten Stegreifspiel verläßt die Spielleitung mit einem Spieler den Raum, um festzulegen, wer den Orden bekommt und für wen die Ansprache gehalten werden soll. Dafür sollte der „Festredner" einige Informationen über den künftigen „Ordensträger" besitzen; z.B. über Entwicklungsgang, Beruf, Interessen, Eigenschaften, Hobbys, Freunde, Gegner usw.

Die versammelte Zuhörerschaft lauscht sodann andächtig dem Redner und errät den auszuzeichnenden Mitspieler.

Anregungen für weitere Stegreifreden: Der 90. Geburtstag; seit 50 Jahren im selben Betrieb; Enthüllung eines Denkmals für eine noch lebende Person; Ehrendoktorwürde der Medizin; Empfang eines Weltumseglers.

Spielintention: Redegewandtheit, Originalität, Situationskomik, freies Sprechen.

Reporter

Mehrere Spieler haben die Aufgabe, nacheinander von einem bestimmten Ereignis als begleitender Reporter zu berichten. Die Reportagezeit liegt bei 2–3 Minuten.

Ereignisse können z.B. sein: Schneckenwettrennen, Angelturnier, Krabbenpulwettbewerb, Weltmeisterschaft im Schnupftabakschnupfen, Strickwettbewerb, Bundesturnier der Handtellerwäscher, Flohzirkusnummer.

Spielintention: Fantasie, Wortgewandtheit, Situationskomik.

Dichterfürst

Ein Teilnehmer wird zum Dichterfürsten ernannt. Als „Goethe" soll er eine frei erfundene Geschichte erzählen. Nach den ersten 3–4 Sätzen ruft der Erzähler 1 Mitspieler auf, ihm ein beliebiges Wort zuzurufen. Dieses Wort muß er in die Geschichte einflechten. So fordert schließlich unser Dichterfürst immer wieder einen Zuhörer auf, ihm neue Wörter für seine Geschichte zu liefern. Nach einiger Zeit wird der Dichterfürst von einem anderen „Goethe" als Erzähler abgelöst.

Die Geschichte könnte z. B. so angehen:

Eines Tages fuhr ich in die Stadt, um neue Kleidung zu kaufen. Viele Menschen waren auf den Beinen. In den Geschäften herrschte großes Gewühle – jetzt zeigt der Erzähler auf einen Mitspieler, der „Polizei" ruft. Erzähler: Plötzlich tauchte die Polizei zusammen mit einem Ladendieb auf, der in der Damenunterbekleidung einen BH entwendet hatte. („HUNGER"). Ich bekam vor Aufregung Hunger und begab mich deshalb schnell ins Restaurant. („BANANE"). Das einzige was ich jedoch herunterbrachte, waren eine Banane und eine Tasse Kaffee. („BADEANSTALT"). Jetzt fiel mir auch wieder ein, was ich eigentlich wollte. Ich kaufte mir einen neuen Bademantel und eilte schnellstens in die Badeanstalt. Dort angekommen . . . usw., usw.

Spielqualität: Kombinationsgabe, Sprachgewandtheit, Situationskomik.

Patient und Arzt

Material: vorbereitete Karten.

Die Spieler erhalten Karten, auf denen Paare genannt werden, die etwas miteinander zu tun haben. In einem kurzen Spiel sollen die Spielpartner ihre Paare darstellen und eine kurze Szene spielen.

Solche Paare könnten z. B. sein: Polizist – Autofahrer; Richter – Angeklagter, Schüler – Lehrer, Patient – Arzt; Ober – Gast, Kunde – Verkäufer, CDU-Wähler – SPD-Wähler, Schaffner – Fahrgast.

Spielintention: Fantasie, Originalität, Spontaneität, Situationskomik.

Sprachrollen

Material: vorbereitete Zettel.

Die Sprache und Sprechweise unserer Mitmenschen hinterläßt einen besonderen Eindruck bei uns, nicht selten führt sie zur Bildung von (Vor-)Urteilen über den anderen.

Für dieses Spiel eignet sich jeder Teilnehmer ein bestimmtes Sprachverhalten an, wozu die Spielleitung vorbereitete Zettel ziehen läßt, mit deren Hilfe jedem Mitspieler ein bestimmtes Sprachverhalten vorgegeben wird:

- überheblich
- zerstreut
- ironisch
- uninteressiert erscheinen
- im Kneipen-Jargon sprechen
- weinerlich
- fanatisch
- im Vortragsstil reden.

- schüchtern
- aggressiv
- überbetont lustig, albern
- betont vornehm
- marktschreierisch
- markig, zackig
- sehr gewöhnlich, ordinär
- alles kritisieren, abwerten.

Die Spieler einigen sich auf ein nicht-Teilnehmer-bezogenes Thema (z. B. Mehr Qualität durch mehr Fernsehprogramm?" oder „Lieber Ehe mit oder ohne Trauschein?"), über das sie etwa 10–15 Minuten diskutieren – und zwar jeder konsequent in dem ihm vorgegebenen Sprachverhalten.

Am Ende des Spiels sprechen die Spieler in der Regel darüber, wie sie die unterschiedlichen Sprachrollen bei sich und den anderen erlebt haben und wie die Diskussion verlief.

Spielintention: einstellen auf ungewohnte Sprachrolle, erleben sprachlichen Ausdrucks, Spaß an der Sprachglossierung.

Im Fesselballon

Ein frecher Klassiker, bei dem sich die Spieler durch Argumentation, Überzeugung und originelles Denken durchsetzen müssen.

4 Personen – sie können jeder einen unterschiedlichen Beruf haben

oder berühmte Persönlichkeiten sein – sitzen in einem Fesselballon. Die Reisenden stellen fest, daß ihr Ballon restlos überladen ist und sie nur dann lebend auf der Erde landen, wenn einer vorher den Ballon verläßt. Jeder muß den anderen davon überzeugen, daß gerade er besonders wichtig ist und nicht geopfert werden darf.

Die Zuschauer entscheiden in Abständen von 3 Minuten darüber, welcher Spieler den Ballon verlassen muß, bis letztlich einer übrig bleibt.

Nach dem Spiel wird darüber gesprochen, wie versucht wurde, die anderen von der eigenen Wichtigkeit zu überzeugen, und ob bei der Abstimmung auch immer die besseren Argumente ausschlaggebend waren.

Spielintention: rhetorisches Geschick, Argumentation, sprachliches Durchsetzungsvermögen, Situationskomik, Wortwitz.

Noch'n Gedicht...

Material: vorbereitete Zettel mit Gedichten, Nachrichten, Zeitungsartikeln u. ä., vorbereitete Personenkarten.

Alle Spieler erhalten von der Spielleitung einen Zettel mit Gedichten, Meldungen, Wetterberichten und ähnlichem. Jeder soll sich einen Zettel auswählen und danach eine Karte ziehen, die er den anderen gegenüber geheimhalten sollte. Auf den Karten stehen Personengruppen oder Persönlichkeiten, in deren Haut er „schlüpfen" soll und „deren" Text er vortragen muß.

Kartenbeispiele:

Personengruppen: Metzger, Pfarrer, Grundschulkind, alter Offizier, Ordensschwester, Politiker, Bananenverkäufer, Oberlehrer, Prostituierte...

Persönlichkeiten: Helmut Kohl, Graf Lambsdorff, Rudi Carell, Boris Becker, Norbert Blüm, Klaus Kinski seelig, Papst Johannes, Heinz Erhard seelig...

Story aus der Tüte

Material: größere Tüte oder Beutel, beliebige Gegenstände.

„Es bricht der Sturm des Baumes Blüte, die Pflanze bricht des Wanderers Schuh, der Fluggast bricht in seine Tüte, jedoch mein Herz, das brichst nur du!" Ähnlich, wenn auch nicht genauso geht es bei diesem Spiel für Sprachgewandte zu. Die Spieler sitzen im Kreis. Von der Spielleitung wird eine Tüte (oder Leinenbeutel) mit der Bitte herumgereicht, einen beliebigen Gegenstand hineinzulegen. Bitte nur nicht alle den gleichen Kugelschreiber. Vielfalt wäre schön. Die möglichst gefüllte Tüte kommt nach diesem Rundgang zur Spielleitung zurück. Jeder Spieler greift nun der Reihe nach ein Teil aus der Tüte. Dazu soll eine Geschichte erzählt werden, bei der alle bereits im Spiel befindlichen Gegenstände eine Rolle spielen. Nach zwei bis drei Sätzen wird das Wort an den Nebenmann abgegeben.

Zu Beginn des Spiels können sich natürlich auch alle darauf einigen, das Spiel in Reimform durchzuführen.

Grenzenlose Ausreden

Material: beliebige Gegenstände (Uhr, Kugelschreiber, Feuerzeug...).

So ganz klappt es noch nicht, mit dem vereinten, grenzenlosen Europa. Das müssen auch immer wieder Touristen feststellen, wenn ihre „freie Fahrt für Europäer" an einer Zollstation endet.

Die Spielleitung informiert die Teilnehmer: „Wir befinden uns an einer Grenzstation, über die schon sehr oft Schmuggler gekommen sind. Meist wurden diese jedoch von aufmerksamen Beamten ertappt." So soll es auch diesmal sein. Zu Spielbeginn werden Gegenstände eingesammelt, die „nicht ausgeführt werden dürfen". Die ertappten Schmuggler versuchen nun, sich möglichst originell und wortreich aus ihrer Situation herauszureden, um ungeschoren über die Grenze zu kommen. Die Spielgruppe kann eine Jury bilden, die nach einer bestimmten Zeit entscheidet, ob der jeweilige Schmuggler passieren darf.

Spielintention: Redegewandheit, Schlagfertigkeit, Originalität.

Freche Situationen

Material: vorbereitete Zettel (Rollenspielkarten), Verkleidungs-utensilien.

Wer Spaß an der Gestaltung lustiger Szenen und am Stegreifspiel hat, ist mit diesen „frechen Situationen" gut beraten. Es geht darum, mit mehreren Mitspielern vorgegebene Situationen aus dem Stegreif zu spielen, also ohne Vorbereitung, sondern spontan. Die Situationen stehen auf Zetteln, die von der Spielleitung vorbereitet wurden. Jede Gruppe (2–5 Personen) zieht einen Zettel und spielt nach (ganz) kurzer Rücksprache drauflos.
Spielvorschläge:

- Zwei Leute treffen sich. Der eine will dringend weiter, der andere unbedingt gern länger reden.
- Beim Friseur: Kundin klatscht über Nachbarin, bis sich heraus-stellt, daß sie neben ihr unter der Haube sitzt.
- Opa bringt seine neue Freundin mit nach Hause. Die Familie ist geschockt.
- In der Kantine. Drei KollegInnen beim Büroklatsch.
- Beim Heiratsvermittler: Zusammenführung von drei unterschied-lichen Paaren.
- Supermarkt. Eine Frau steht an der Supermarktkasse. Hinter ihr eine lange Schlange. Sie findet ihr Portemonnaie nicht.
- Im Wartezimmer eines Chirurgen. Patientengespräche. Vom Hy-pochonder bis zum Sadisten reichen die Persönlichkeitsprofile der Anwesenden (5 Mitspieler).
- Tochter, 17 Jahre, teilt ihren Eltern mit, daß sie sich restlos in einen 45jährigen Mann verknallt hat.
- Eisenbahnabteil. Nacheinander versuchen mehrere Männer mit einer Frau in Kontakt zu treten. Anschließend umgekehrte Situa-tion.
- Zwei Menschen telefonieren miteinander. Sprechen jedoch anein-ander vorbei, um am Ende festzustellen, daß es schön war, wieder einmal miteinander gesprochen zu haben.
- Zwei Personen, die sich noch nie gesehen haben, wollen sich in einem Restaurant treffen.

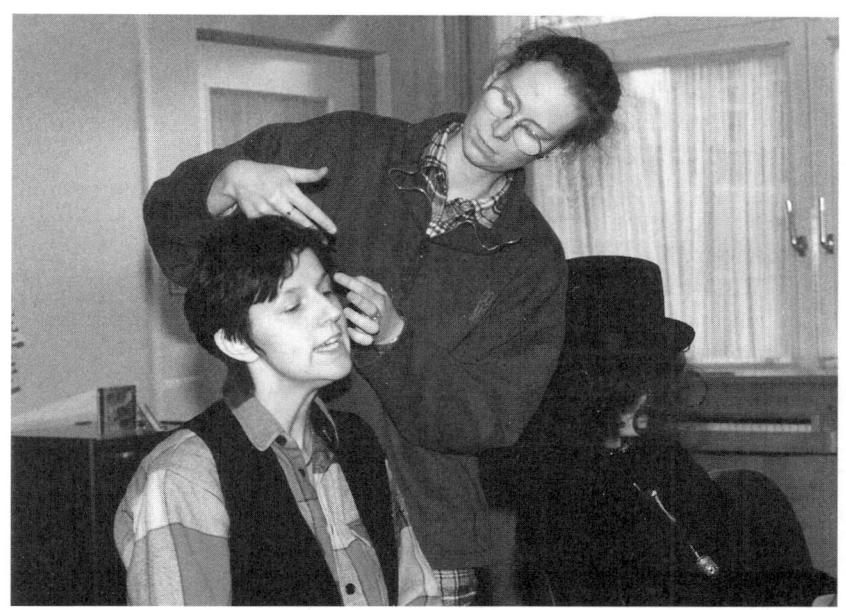

Freche Situationen: Klatsch beim Friseur

Spontanes Spiel mit zusammengesuchten Utensilien

- Ein Angestellter sucht seinen Chef auf, um für sich eine Gehaltserhöhung auszuhandeln.
- Zwei Verwaltungsbeamte müssen sich seit heute ein gemeinsames Büro teilen. Der eine ist überaus ordentlich, ja geradezu pingelig, während der andere eher das Chaos in Person ist.
- Die ganze Familie sitzt vor dem Fernseher. Mitten im spannenden „Tatort-Krimi" gibt es einen totalen Sendeausfall. Ein Umschalten auf andere Programme ist unmöglich.
- Ein Rundfunkreporter befragt Passanten über ... ein frei gewähltes Thema. Die Passanten weisen unterschiedliche Charakterzüge und sprachliche Eigenheiten auf.
- Krankenzimmer mit zwei Betten. Zwei Patienten treffen aufeinander, die zufällig im gleichen Mietshaus wohnen und sich als zerstrittene Nachbarn nicht ausstehen können. Eine Umlegung ist nach Aussagen des Stationsarztes nicht möglich.
- Auf dem Wochenmarkt entwickelt sich zwischen einer Gemüsehändlerin und einer Kundin ein Streitgespräch. Zwei weitere Personen kommen nacheinander hinzu und mischen sich ein.
- Praktische Fahrprüfung. Neben dem Fahrlehrer und gestrengen Prüfer befinden sich drei Führerscheinbewerber im Auto, die nacheinander (für je 2 Minuten) ans Steuer gelassen werden. Wer fällt durch und warum?

Spielintention: Ideen entwickeln, sich mit Rollen identifizieren, Abbau von Spielhemmungen, Situationskomik, Freude am Gestalten lustiger Szenen.

Let's talk

Material: eventuell Verkleidungen.

Talk-Shows gehören seit vielen Jahren zum festen Bestandteil unserer Fernsehsender. Sie sind ein Tummelplatz für Selbstdarsteller, penetrante Langweiler aber auch für durchaus interessante wie schillernde Zeitgenossen. Für eine Talk-Show-Parodie schlüpft ein Mitspieler in die Rolle des Talkmasters, der mit drei bis fünf anderen Spielern als „prominenten Gästen" plaudert. Es können z. B. Mode-Zar Karl Lagerfeld, Tennis-Königin Steffi Graf, Kritiker-Papst Marcel Reich-Ranicki und Fußball-Fossil Uwe Seeler aufeinandertreffen.

Eine gewisse rhetorische Gewandtheit und ein spontanes Reagieren der „Prominenten" auf Fragen nach dem Berufs- und Privatleben sind eine wichtige Voraussetzung für das Gelingen der „Talk-Show".

Zur Typisierung der dargestellten „Promis" reichen wenige Utensilien und die Überzeichnung sprachlicher und charakteristischer Merkmale (indem z. B. die 6fach geliftete Filmdiva beim Lächeln immer leicht die Schultern anhebt, um ein Einreißen der Haut zu verhindern).

Spielintention: sich in Rollen hineinversetzen und zum Ausdruck bringen, Spaß an der Parodie, Spielhemmungen überwinden.

Produktwerbung

Material: Requisiten, soweit erforderlich.

Tag für Tag sind Fernsehzuschauer mit Werbung konfrontiert. Privatsender unterbrechen mehrmals einen Film, um für all' die Dinge zu werben, ohne die das Leben einfach unvollkommen und fade zu sein scheint.

In unserem Spiel sollen Werbesendungen parodiert werden. Ein Spieler könnte z. B. für das alkoholische Produkt „Jonny's Dry Gin" werben. Da der Moderator mehrmals am Tage live als „Filmunterbrechung" vor die Kamera geschickt wird, leert sich die Flasche natürlich nach jedem Werbespot etwas mehr. Die Stimme des anfangs blendend formulierenden Werbefachmanns wird allmählich schwerer und schließlich muß er nach vier bis fünf Auftritten restlos betrunken von zwei Mitarbeitern aus dem Fernsehstudio geschleppt werden.

Geworben werden kann eigentlich für nahezu alles: Waschmittel, Schönheitscremes, Sekt, Puddinge, Fertiggerichte, Erfrischungsgetränke, Eis, Autos, Reiseunternehmen, Kaffee und vieles mehr.

Spielintention: rhetorisches Geschick, mimischer Ausdruck, selbstbewußtes Auftreten, Spaß an der Parodie, Situationskomik.

Illustre Tafelrunde

Material: vorbereitete Karten, eventuell Verkleidungsutensilien.

Eine illustre Gesellschaft hat sich versammelt, um gemeinsam zu tafeln. Jeder Spieler erhält eine Karte, auf der eine Person mit einer bestimmten Eigenschaft bzw. einem Berufsbild steht. Während eines gemeinsamen Essens der Gruppe – und dieses kann bei einer wirklichen Mahlzeit geschehen – erhält jeder Spieler die Aufgabe, in die Rolle der auf der Karte stehenden Person zu schlüpfen.

Kartenbeispiele: Pfarrer, Versicherungsvertreter, Lehrer, steinreiche Witwe, gealterte Filmdiva, alter Offizier (General a. D.), schrille „Plappertasche" (Starlet), BILD-Reporter, 2. Vorsitzender der Freiwilligen Feuerwehr, Heiratsschwindler, Taschendieb, Industrie-Boß, Parteifunktionär, „Edel-Dirne", Vorsitzende des Sittlichkeitsvereins, Klempner ...

Spielintention: Spaß an der Improvisation, Abbau von Spielhemmungen, unterschiedliche Rollen erleben und ausfüllen.

Vereinsmeier

Man sagt uns Deutschen nach, wir seien Vereinsmeier. Bei der Vielzahl von Zusammenschlüssen und Vereinigungen scheint wohl etwas an der Aussage dran zu sein.

Aus der Spielgruppe verlassen vier Teilnehmer den Raum und einigen sich auf einen Verein, den sie darstellen wollen, z. B. Briefmarkensammler-Verein, Kaninchenzüchter-Verein, Schrebergarten-Verein, Hausfrauenbund, Gewerkschaftsgruppe, politische Partei, Verein der Naturfreunde ... Ein Vorsitzender bzw. eine Vorsitzende werden gewählt.

Kommen die vier Mitspieler wieder herein, so spielen sie die Mitgliederversammlung ihres Vereins. Berichte werden gegeben, Anträge gestellt, debattiert und abgestimmt, verdiente Mitglieder erhalten eine Auszeichnung vom Vorsitzenden. Alle Aktionen laufen in verschleierter Form vor den Zuschauern ab, denn sie sollen erraten, um welchen Verein es sich handelt. Wer glaubt, den Verein erraten zu haben, spielt mit.

Spielintention: Spaß am spontanen Spiel, Wortgewandtheit, Freude am Parodieren, Spannungseffekt beim Erraten.

M-Theater

Außer etwas Wortgewandtheit brauchen wir für dieses simple Spiel nichts, um gelöste Heiterkeit in der Spielrunde aufkommen zu lassen. Die Spielleitung gibt in ein bis zwei Sätzen den Handlungsablauf des Stückes vor. Das Thema kann z. B. lauten: Mutter und Kind bei Tische. Alles Weitere wird jetzt aus dem Stegreif gespielt, d. h. vorwiegend gesprochen. Vor Spielbeginn wird jedoch noch festgelegt, daß jedes Wort, das die Akteure von sich geben mit einem vereinbarten Buchstaben beginn. In unserem Beispiel ist es das „M". Und so könnte es losgehen:

Kind: Mutter, Mutter!
Mutter: Mein Mummelchen.
Kind: Mach mir Marmeladenbrote.
Mutter: Mit Mangofrüchten?
Kind: Mittags meistens.
Mutter: Milch, mein Mummelchen?
Kind: Mmm, mag Mukuhmilch.
Mutter: Müde?
Kind: Muß mal.
Mutter: Malventee macht müde Mägen munter.
Kind: Meditieren macht müde.
Mutter: Meine Meinung: Mieses Mittagessen macht melancholisch...

Für das Spiel eignen sich nahezu alle berühmten Bühnenvorlagen, Krimistories oder Märchen. Die ideale Spielerzahl liegt bei 3–4 Personen.

Spielintention: Spaß am Wortspiel, Kombinationsfähigkeit, Fantasie.

Geheimnisvolle Persönlichkeiten

Dieses Konversationsspiel erfordert darstellerische Begabung und die Fähigkeit, locker mit berühmten Charakteren herumzujonglieren.

2 Spieler verlassen den Raum und einigen sich dann auf 2 berühmte Persönlichkeiten, aus dem Leben, dem Film oder der Literatur – tot oder lebendig –, die sie porträtieren wollen. Die Persönlichkeiten müssen nicht einander gekannt haben, es ist aber von Vorteil für den Spielablauf, wenn beide ein gemeinsames Interesse hatten: Prinz Charles und Königin Silvia, Joe Cocker und Marius Müller-Westernhagen, Helmut Kohl und Erich Honnecker, Boris Becker und Luis Trencker, Tina Turner und Mutter Theresa. Die beiden Spieler kehren zur Gruppe zurück und beginnen eine typische Unterhaltung. Die anderen Spieler versuchen, die Identität der Prominenten herauszufinden. Jeder, der es errät, stimmt in die Unterhaltung ein und sagt ihnen Dinge, die zu ihrer geheimen Identität passen. Das Spiel ist zu Ende, wenn jeder weiß, wer jeder ist.

Spielintention: Rollenidentifikation, Fantasie, sprachliche Gewandtheit, Spannung beim Raten.

Lottoglück

Kaum zu glauben, aber wahr, Familie Müller hat im Lotto gewonnen. Wirklich! Zwar war es nicht der Haupttreffer oder gar der Jackpot, aber immerhin 85 000 Mark.

Familie Müller sitzt am Tag der Bekanntgabe der Lottoquoten beim Essen zusammen und beratschlagt, was mit dem Geld geschehen soll. Unsere Gewinner-Familie besteht aus Vater, Mutter, 2 Söhnen (11 und 14 Jahre alt), einer 17jährigen Tochter und zwei noch rüstigen Großmüttern.

Die Mitspieler erhalten den Auftrag, sich so stark wie möglich mit ihrer Rolle zu identifizieren. Jeder soll seine Wünsche und Interessen in das Gespräch einbringen und argumentativ vertreten, d. h. möglichst den anderen gegenüber durchzusetzen.

Nach einer gewissen Spielzeit, die auch wesentlich von der Spielfreude der Teilnehmer bestimmt wird, kommt es zur anschließenden Reflexion. Hier wird unter anderem erörtert, wie und mit welchen Mitteln die einzelnen Interessen vertreten wurden.

Spielintention: bewußtmachen eigener Interessen, Durchsetzungsvermögen, erleben unterschiedlicher Auffassungen, Argumentation, Manipulation durch Sprache.

Proben für das Morgenjournal

Material: Kassettenrecorder mit Unterhaltungsmusik, Mikrofon, Uhr, Zettel.

„Das Beste am Norden ...", wie sich der Norddeutsche Rundfunk bescheiden in seiner Eigenwerbung nennt, sucht neue Moderatoren für sein Rundfunk-Morgenjournal. Zwei wortgewandte Mitspieler werden nach vorn gebeten und als Kandidaten für einen Posten beim Rundfunk vorgestellt. Sie sollen aus dem Stegreif ein Morgenmagazin gestalten, und zwar „live". Für immer genau 30 Sekunden wird die Musik ausgeblendet und die Moderatoren müssen abwechselnd oder in Dialogform zu den ihnen vorher zugereichten Themen Stellung nehmen, gleich ob ihnen die 30 Sekunden zu kurz oder zu lang vorkommen. Aus der Gruppe – dem Publikum – werden den Sprechern Zettel zugereicht wie etwa:

– Wetterbericht
– Interview mit Karl Dall
– Verkehrsmeldung
– Werbung für eine Schokoladenmarke
– Sportergebnisse
– Das neueste Gerücht aus dem Bundeskanzleramt
– Das neue Buch
– Der neueste Film
– Interview mit dem Finanzminister: 42 neue Steuern bis 1999
– Musikkritik: Das Justus-Frantz-Festival in Schleswig-Holstein
– Das Tageshoroskop
– Der Partnerwunsch.

Das Spiel kann in mehreren Durchgängen mit verschiedenen Kandidaten gespielt werden.

Spielintention: Wortgewandtheit, Spontaneität, Reaktionsvermögen, Situationskomik.

Setz dich durch!

Wer hat sich nicht schon einmal nach einer meist unerfreulichen Situation darüber geärgert, sich nicht richtig durchgesetzt oder eher „ja" statt selbstbewußt „nein" gesagt zu haben!?
Für dieses Spiel bilden die Teilnehmer einen Stuhlhalbkreis. Jeweils zwei Spieler stellen im Rollenspiel eine Situation dar, in der es darum geht, sich zu behaupten.
Beispiele:

- Ein Kunde macht einem aufdringlichen Verkäufer (Vertreter) klar, daß er nichts kaufen möchte.
- Ein Gast beschwert sich bei der Bedienung zu Recht über das schlechte Essen und fordert sein Geld zurück.
- Beim Abholen seines Wagens aus der Werkstatt bemerkt der Kunde Kratzer und eine kleine Delle an seinem Fahrzeug.
- Eine Kassiererin an der Supermarktkasse verhält sich sehr unfreundlich zu einer Kundin, die einen Kasten mit Leergut abgeben möchte.
- Im Kaufhaus wird ein Kunde zu Unrecht vom Detektiv des Ladendiebstahls bezichtigt. Andere Kunden haben die unerfreuliche Szene mitbekommen.
- Der Chef bittet seinen Angestellten wieder einmal Vertretungsstunden zu übernehmen.
- Eine Kundin will ein leicht beschädigtes Kleidungsstück zurückgeben. Die Verkäuferin gibt sich uneinsichtig.
- Eine ältere, jedoch noch sehr rüstige Dame drängelt sich unter Hinweis auf ihr Alter an der Supermarktkasse vor.

Nach jedem Spiel werden die Szenen einzeln ausgewertet, indem z. B. geklärt wird, wie sich die Spieler durchsetzten, wie gesprochen und welche Lösungen gefunden wurden. Auch dürfte interessant sein, darüber zu sprechen, welche Alltagserfahrungen die Spieler mit ähnlichen oder anderen Situationen erlebt haben, bei denen es ums Durchsetzen ging.

Spielintention: sich behaupten und in entscheidenden Situationen durchsetzen können; sprachliche Gewandtheit.

Verrückte Dialoge

Was würden sich wohl Glatze und Kamm zu sagen haben, könnten sie miteinander reden? Bei unserem ungewöhnlichen Dialog-Spiel sitzen jeweils zwei Spieler Rücken an Rücken und führen eine nicht alltägliche Unterhaltung. Jeder Spieler ist ein Teil des von der Spielleitung vorgegebenen Paares.

Einige Beispiele für Dialog-Paare:

– Flasche und Korken	– Ofen und Feuer
– Hamster und Käfig	– Regen und Regenschirm
– Herdplatte und Wasserkessel	– rechter und linker Strumpf
	– Geld und Portemonnaie

Welches Paar führt das originellste Gespräch?

Spielintention: Fantasie, Originalität, sprachliche Gewandtheit, Situationskomik.

Pro und Contra

Um geschicktes Argumentieren geht es bei diesem Spiel, für das aus der Spielrunde zwei gleichgroße Gruppen von je 2–3 Teilnehmern gebildet werden.

Beide Gruppen sollen über ein zuvor festgelegtes Thema (z. B. Ist Deutschland noch ein Land, in dem man sich sicher fühlen kann?) für 10 Minuten kontrovers diskutieren, wobei jede Seite ihre Argumente (pro und contra) zu vertreten hat. Am Ende entscheiden die Zuhörer über die stichhaltigsten Argumente. Die Redner-Zuhörer-Gruppen sollten in mehreren Durchläufen gewechselt werden.

Spielintention: seiner Meinung Geltung verschaffen, geschicktes Argumentieren, das Wesentliche einer Aussage erkennen.

Verrückte Jobs

Damit sich alle Spieler gut sehen können, setzen sie sich in Form eines Kreises hin. Die Spielleitung sagt, daß auf dem Arbeitsmarkt ständig neue Berufsbilder gefragt sind und gibt als Beispiele den „Ladenhüter" und den „Flaschenwärmer" vor.

Hat die Spielidee erst einmal die Anwesenden gepackt, so sind sie nicht mehr zu bremsen. Reihum werden spontan die verrücktesten Berufe genannt und falls gewünscht, auch näher erläutert. Beim „Eierkocher" dürfte dies noch leichtfallen. Aber was machen z. B. der „Strumpfhalter" und der „Doppelstecker"?

Hier einige Inspirationen:

Wassererhitzer, Rauchverzehrer, Zwiebelschneider, Kirschentkerner, Büstenhalter, Unkrautvertilger, Korkenzieher, Backofenreiniger, Weichspüler, Tropfenspender, Wagenheber, Schuhabkratzer, Alleskleber, Geigerzähler, Kaffeefilter.

Spielintention: Fantasie, Ideen entwicklen, Originalität, Sprachgewandtheit, Spaß am Wortspiel.

Expertentum

Material: vorbereitete Themenzettel, Papier und Schreibzeug.

Nahezu jeden Tag werden uns im Fernsehen Politiker vorgestellt als „Experte für . . ." alle möglichen komplizierten Sachverhalte. Dieses Expertentum haben sie sich dann aufgrund ihrer scheinbaren Omnipotenz über Nacht angeeignet. Waren sie gestern noch „Experte für innere Sicherheit", so sind sie heute „Experte für Landwirtschaft". Auch wir wollen uns in diesem Spiel aus dem Stand zum Experten mausern. Die Spielleitung hat genügend Zettel mit ausge-

fallenen Themen vorbereitet, die von freiwilligen „Experten" dem interessierten Publikum vorzutragen sind. Zur kurzen Vorbereitung erhält jeder Redner 3 Minuten Zeit.
Themen könnten z. B. sein:

- „Neue Steuern braucht das Land: Die Vorteile einer Wetter- und einer Denk-Steuer."
- „Über die vielseitige Verwendbarkeit des gewöhnlichen Toasters."
- „Auf der Suche nach der Unterscheidung unserer demokratischen Volksparteien."
- „Vor- und Nachteile des gen-manipulierten Politikerhirns."
- „Wohnraum schaffen durch rationelles Wohnen."
- „Frischgemüse künftig aus der Apotheke."

Spielintention: Redegewandtheit, originelle Ideen entwickeln, Situationskomik, Spaß.

BILD-Konversation

Material: mehrere BILD-Ausgaben.

Was wären wir ohne BILD, die Zeitung für Kurzsichtige, das Medium, das Meinungen macht und uns häufig Meinungen und das eigene Denken abnehmen möchte.
Die Spieler verteilen sich im Raum, je mit einer Zeitung ausgestattet. Einer beginnt mit dem Vorlesen einer Schlagzeile, und ein anderer antwortet mit einer Schlagzeile. Wem gelingt es mit Witz – nicht mit Lautstärke – seine Mitspieler zu übertrumpfen? Das Spiel läßt sich zu kleinen Theaterimprovisationen erweitern.

Spielintention: Kommunikation, Kreativität, Fantasie entwickeln, Situationskomik.

Was wäre, wenn...

Wir leben in einer Zeit, in der so gut wie alles möglich ist. Von dieser Hypothese ausgehend, eignet sich das Spiel besonders für einen erzählfreudigen, gemütlichen Gesprächskreis, bei dem ein Teilnehmer eine „Was wäre, wenn ..."-Überlegung vorgibt und alle anderen weitere Überlegungen beisteuern.
Einige Beispiele:

– Was wäre, wenn alle Menschen dasselbe verdienen würden, weil alle ein Anrecht auf gleiche Lebenschancen haben?
– Was wäre, wenn in ganz Deutschland für drei Tage alle Fernsehprogramme ausfielen?
– Was wäre, wenn es keine ErzieherInnen gäbe?
– Was wäre, wenn dir ein guter Bekannter für dich und deinen Partner einen Platz in einer Wohngemeinschaft anbieten würde?
– Was wäre, wenn es ab morgen keine Bücher mehr gäbe?
– Was wäre, wenn du für einen Monat BundeskanzlerIn sein könntest?
– Was wäre, wenn dir plötzlich 50 000 Mark zur völlig freien Verfügung stünden?
– Was wäre, wenn unsere Lebenserwartung um 150 Jahre verlängert würde?
– Was wäre, wenn ab 1999 die Welt für 3 Jahre ohne Sonnenlicht auskommen müßte?
– Was wäre, wenn man Politiker für ihre fahrlässige Mißwirtschaft juristisch zur Verantwortung ziehen könnte?

Spielintention: Fantasie entwickeln, originelle Ideen und Überlegungen äußern, lockere Gesprächsatmosphäre.

Gefühls-ABC

Material: je Teilnehmer ein Blatt Papier und Schreibstift.

Die Spieler werden gebeten, auf ihren Papierbogen das Alphabet untereinander aufzuschreiben. Anschließend sollen sie für jeden Buchstaben ein Wort schreiben, das ihr Gefühl der letzten 24 Stunden (oder: am letzten Wochenende oder im Augenblick oder bei einem bestimmten Anlaß) beschreibt. Haben alle Teilnehmer diese Aufgabe erfüllt, werden sie gebeten, die Worte vorzulesen und zwei Begriffe auszuwählen, die sie der Gruppe erklären wollen.

Spielintention: sich mitteilen, Gefühle ausdrücken und beschreiben.

Haltung wahren!

Material: vorbereitete Zettel mit Texten und Situationen.

Nach der Devise „Es gibt zwei Standpunkte: meinen und den falschen!" sind die Politiker in die Endphase des heißen Wahlkampfes getreten. Alle Kandidaten, die imagefördernde Sendezeit im Fernsehen erhalten, wollen natürlich durch Auftreten, Sprache, Mimik und Gestik den besten Eindruck hinterlassen. In möglichst fehlerfreier Phrasologie äußern sich die Politiker zu dieser historisch so wichtigen Wahl und erläutern noch einmal ihr Programm.

Vier bis fünf bekommen einen Text (z. B. irgendwelche beliebigen Politiker-Statements aus der Presse) und halten nun vor den Gästen im Fernseh-Wahlstudio eine Rede.

Nach einigen Sätzen erhalten sie vom Spielleiter dezent einen Zettel zugesteckt, auf dem eine Situation steht, die während der Rede entsteht und gemeistert werden muß.

Beispiele für Situationszettel:

- Die Brille vergessen bzw. falsche Brille auf.
- Während der Rede rutscht die Hose langsam herunter.
- Der Redner muß ganz dringend auf die Toilette.
- Es stellt sich ein nicht abstellbarer Schluckauf ein.
- Im Publikum sitzt die Gattin/der Gatte, die/der mit dem/der Vorsitzenden der Gegenpartei heftig flirtet.

Die Reden und Situationen werden von den Spielern nacheinander vorgespielt.

Spielintention: Wortgewandtheit, Freude am Darstellen, Situationskomik.

Bürgerberatung

Bei diesem Spiel erhält der Bürger endlich fundierte Antworten auf seine Anfragen, Wünsche und Probleme.

Hinter einem imaginären Schalter sitzt ein Mitspieler, der nach ausgiebigem Frühstück das Schiebefenster öffnet und ruft: „Die nächste Nummer bitte!"

Es hat sich schon eine Schlange von Ratsuchenden und Bittstellern gebildet, die allerlei ungewöhnliche Wünsche vortragen, auf die mit einer individuellen Beratung einzugehen ist.

Spielintention: Fantasie, Schlagfertigkeit, Wortwitz, Situationskomik.

Knistern, Spannung, Lust – Stimmungen, Gefühle und Wünsche in Handlungen umsetzen: Spiele mit Mimik, Gestik und Körper

Wir können uns nicht nur sprachlich verständigen, sondern auch mit Hilfe von Gebärden, also durch unseren Körper. Sprachliche, vor allem jedoch nichtsprachliche Informationen, sind oftmals mehrdeutig und werden vom Sender und Empfänger unterschiedlich gesehen.

Die Körpersprache gilt als Ausdruck unserer Persönlichkeit und als Spiegel unserer inneren Verfassung.

Es gibt einfache Gebärden, die von jedem verstanden werden, wie z. B. das nervöse Trommeln mit den Fingern, das nachdenkliche Kratzen am Kopf. Die Wortsprache kennt zahlreiche Ausdrücke aus dem Bereich der Körpersprache, z. B.: „sich in die Brust werfen", „die kalte Schulter zeigen", „sich verlegen herumwinden".

Im Alltag vermischen sich Wort- und Körpersprache, wobei die Wortsprache immer überlegen ist, wenn es um die Vermittlung gedanklicher Inhalte geht.

Der gelockerte Körper hat die Möglichkeit, das nach außen hin auszudrücken, was innerlich empfunden wird.

Die folgenden frechen Spielangebote beschäftigen sich mit der Wahrnehmung und Deutung nonverbaler (nichtsprachlicher) Signale, mit Körpersprache, Körpererfahrung und differenzierten Darstellungsmöglichkeiten. Es geht auch um das intensive Erleben von Mimik und Gestik, um Bewegungsimprovisationen, Körperkontakt und Freude an der Selbstdarstellung.

Die ausgewählten Spiele sind ein geeignetes Kommunikationstraining, bei dem sich die Teilnehmer der Vielfalt körperlichen Ausdrucks bewußt werden.

Durch die Nachahmung und Parodie von Personen lenken die Mitspieler unwillkürlich ihre Aufmerksamkeit stärker auf das Verhalten der Mitmenschen. Zum einen kann es dabei zu Typisierungen kommen, indem bestimmte Verhaltensweisen überspitzt dargestellt werden, zum anderen wird die Differenzierungsfähigkeit trainiert. Um Verallgemeinerungen und Vorurteile abzubauen, ist beides erforderlich.

Spielangebote

Körpersignale

Material: Kassettenrecorder, Kassetten (mit beschwingter Musik).

Bis auf zwei Mitspieler sitzen alle Teilnehmer im Kreis. Die beiden gehen im Kreis herum. Die Spielleitung läßt Kassettenmusik erklingen. Unangekündigt unterbricht die Musik. Die im Kreis sitzenden Spieler versuchen pantomimisch deutlich zu machen, ob sich einer der beiden im Kreis umherirrenden Mitspieler auf ihren Schoß setzen darf oder nicht. Wortlos soll zum Ausdruck gebracht werden, daß man den einen aus dem Kreisinnern gern, den anderen jedoch weniger gern auf seinem Schoß hätte. Dabei kommt es zu Mißverständnissen, leichten Frustrationen, aber auch zu ausgelassener Heiterkeit. Das geht so lange, bis ein Spieler aus dem Kreisinneren bei einem außen Sitzenden richtig „angekommen" ist.

Wessen Signale als Einladung richtig verstanden wurden, darf in den Kreis, während sich sein glücklicher Partner aus dem Inneren des Kreises jetzt ausruhen darf. Gespielt wird so lange, wie es den Teilnehmern Spaß bringt.

Intention: Körpersprache, nonverbale Signale deuten, Körperkontakt, eventuelle Hemmungen überwinden, Spaß.

Scha-ra-den

Material: (eventuell) vorbereitete Zettel.

Dieses Spiel war in den 40er und 50er Jahren eine der beliebtesten Unterhaltungen für alle Altersgruppen. Scharaden gehören als „ge-

Körpersignale: die Unerbittliche

spielte Silbenrätsel" zu den Spielen, die in besonderer Weise die
Fantasie, das Darstellungsvermögen und die Abstraktions- und
Kombinationsfähigkeit fördern. Darsteller und Zuschauer sind Part-
ner.

Je ein bzw. zwei oder auch mehrere Spieler zusammen stellen
pantomimisch einen Begriff dar, der vom Publikum zu erraten ist.

Die zu spielenden Begriffe können entweder auf Zetteln vorbereitet und dann gezogen werden, oder die Spielleitung flüstert dem
einzelnen Spieler oder einer Gruppe Aufgaben zu, die dann spontan
gespielt und von den Zuschauern erraten werden.

Mit einfachen Begriffen wie z. B. Kugelschreiber, Spiegelei, Bo-
denvase oder Hosenträger beginnen wir. Dann können die zu ratenden Begriffe schwieriger werden: Bremsflüssigkeit, Hawaiitoast,
Verdauungsstörung, Bauchspeicheldrüse, Beichtstuhl...

Es lassen sich auch Lieder-, Buch- und Filmtitel, Sprichwörter,

Städte- und Ortsnamen darstellen, oder ein Sportreporter „kommentiert" wortlos eine Sportart. Um welchen Sport geht es?

Spielintention: Ideen entwickeln und umsetzen, Förderung von Darstellungsvermögen, Abstraktions- und Kombinationsfähigkeit, Spannung, Ratespaß.

Stumme Konversation

Material: vorbereitete Zettel mit Aufgabenstellungen.

Die Spielgruppe wird in 2 bis 4 Untergruppen eingeteilt, die miteinander um die Wette raten. Für jede richtig geratene Darstellung gibt es einen Punkt.
Ein Spieler nach dem anderen kommt nach vorne. Dort erhält er von der Spielleitung einen Zettel mit der Aufgabe, die pantomimisch auszuführen ist.
Beispiele:

– Frage einen Mitspieler, ob er mit ins Kino kommt.
– Teile einem Spieler mit, daß du Kopfschmerzen hast und eine Tablette benötigst.
– Gib einem Baby die Flasche, bei der ständig der Sauger verstopft ist.
– Bitte einen Mitspieler, dir eine Pizza und einen Salat zu holen.
– Erkläre einem Mitspieler, daß er seine Jacke (Schuhe oder Pullover) ausziehen soll.
– Teile jemandem mit, daß du deine Brille verlegt hast.

Spielintention: Gebärdensprache, Ideen umsetzen, Darstellungsfähigkeit, Originalität, genaues Beobachten, Ratespaß.

Mein Spiegelbild

„Bin ich's oder bin ich's nicht?" Wer hat sich diese Frage nicht schon einmal beim morgendlichen Blick in den Spiegel gestellt. Für unser kleines Spiel stellen sich die Teilnehmer paarweise im Abstand von etwa 1 Meter frontal gegenüber. Einer der beiden Partner stellt den

Spiegel dar, der andere benutzt den Spiegel und umgekehrt. Der „Spiegel" muß dabei die Bewegungen des Spiegelbenutzers nachahmen. Dabei ist zu beachten, daß der Spiegel ein virtuelles Bild erzeugt, bei dem rechts und links vertauscht sind. Die Bewegungen sollten in Zeitlupe ablaufen und die Spieler Augenkontakt zum Partner halten.

Spielintention: genaues Beobachten, Kooperation, mimischer Ausdruck, einfühlsames Verhalten.

Geherlebnisse

Nach der Devise „An seinem Gang sollst du ihn erkennen", stellen sich die Spieler verteilt im Raum auf und gehen nach den Anweisungen der Spielleitung. Die Reihenfolge der Beispiele ist variabel:

- Wir gehen
  durch sehr hohes Gras
  auf klebrigem Untergrund
  auf Glatteis
  barfuß über heißes Straßenpflaster
  durch hohen, festen Schnee
  auf moorigem Untergrund
  über vermintes Gelände
  durch eiskaltes Wasser.

- Wir
  schleichen – hüpfen – kriechen – stampfen – hetzen – bummeln – gehen zielstrebig – marschieren – tanzen – steigen eine Treppe hinauf – steigen eine Treppe hinunter.

- Wir gehen wie
  ein alter, gebrechlicher Mann
  zwei Freundinnen beim Einkaufsbummel
  ein angetrunkener Zecher
  eine kinderwagenschiebende Mutter
  eine Mutter mit ungezogenem Kind an der Hand
  ein Soldat

– Wir gehen in verschiedenen Räumen. Wie geht es sich
  in einer Kirche
  auf dem Weg ins Fußballstadion
  in einem Museum
  auf einem Bootsanleger
  im Wald
  im Zoo
  im Ballsaal
  beim Abschreiten einer Ehrenformation?

– Wie ist unsere „Beinarbeit" beim
  Tennis
  Eiskunstlauf
  Boxen
  Sackhüpfen
  Kugelstoßen
  Speerweitwurf
  Federballspiel
  Fechten?

– Wir gehen mit
  einem schweren Koffer
  einer langen Leiter
  zu zweit mit einer großen Glasplatte
  einem vollen Tablett
  einer mit Wasser gefüllten Karaffe auf dem Kopf.

– Wir gehen mit einer schweren Last auf dem Rücken durch
  tropische Hitze
  Eiseskälte
  Sturm
  heftigen Regen
  Nebel
  einen Mückenschwarm.

– Wir gehen unseren „Lebensweg" zurück und beginnen mit dem
  85. Lebensjahr. Zug um Zug werden wir jünger …
  … als 60jähriger
  … mit 40 Jahren
  … 20 Jahren

... 14 Jahren
... 5 Jahren – 2 Jahren – 1 Jahr – 6 Monaten.

Spielintention: Körpersprache, Wahrnehmungs- und Beobachtungsübung, Erleben differenzierter Darstellungsmöglichkeiten, Bewegungen werden als Einheit räumlicher und zeitlicher Gestaltung
erfahren, Spaß an der Bewegung.

Statuen

Material: (eventuell) Musik vom Kassettenrecorder.

Um „verwandelbare Statuen" entstehen zu lassen, stellen sich ein
oder mehrere Spieler als „verformbarer Ton" zur Verfügung. Mit
Gefühl formen die anderen Mitspieler aus dem „Material" Statuen,
indem einzelne Körperteile (Kopf, Arme, Beine) entsprechend in
Posen gebracht werden. Die geformten Statuen können Assoziati-
onen hervorrufen, und für die entstandenen Werke lassen sich Titel
finden.

Spielintention: Ideen umsetzen, körperlicher Ausdruck, Spielbereitschaft wecken.

Ich spüre mein Gesicht

Ein schönes, sehr sensitives Spiel, für das sich die Gruppe in einen
Stuhlkreis setzt. Jeder Teilnehmer sitzt mit leicht nach hinten fallen-
gelassenem Kopf auf seinem Stuhl. Die Hände liegen locker auf den
Oberschenkeln. Die Spielleitung spricht mit ruhiger Stimme und läßt
den Teilnehmern genügend Zeit, ihr Gesicht zu spüren und zu erleben.
Nacheinander gibt die Spielleitung folgende Anweisungen:

– Schließt eure Augen.
– Hebt langsam eure Arme und streicht mit den Fingerspitzen über
  eure Stirn.
– Geht langsam über eure Augenbrauen, Augenlider und Wimpern
  zu eurer Nasenwurzel.

- Jetzt über die Nase und die Wangen langsam über die Lippen zum Kinn.
- Es geht weiter zu den Ohren. Wie fühlen sie sich an? Ihr fühlt eure Ohrmuscheln und die Ohrläppchen.
- Langsam geht es am Hinterkopf hinauf zu den Haaren. Erlebt, wie sie sich anfühlen.

Am Ende sprechen wir gemeinsam darüber, wie die einzelnen Gesichtsberührungen empfunden wurden und welche Wirkung vom Spiel ausging. Brillenträger sollten vor Beginn des Spiels ihre Brille ablegen.

Spielintention: Körpererfahrung, hier Bewußtmachung des Gesichtes, Hautwahrnehmung.

Die Kostendämpfungsmassage

Material: Kassettenrecorder mit ruhiger Musik.

Dieses schöne Spiel dürfte im Zeitalter der Kostensenkungen selbst dem Bundesgesundheitsminister Freude machen.

Wir bilden einen großen Stehkreis. Alle Spieler schauen in dieselbe Richtung. Jeder legt nun die Hände auf die Schultern seines vorderen Mitspielers und beginnt, den Rücken, die Schultern und den Nacken zu massieren. Es wird nicht gesprochen, sondern nur durch Laute oder Geräusche dem Masseur zu verstehen gegeben, was guttut, ob zu fest oder zu sanft massiert wird. Nach etwa fünf Minuten drehen sich alle um und massieren ihren früheren Masseur. Zum Schluß sprechen die Spieler über ihre Erfahrungen und Eindrücke. Natürlich läßt sich das Spiel auch paarweise im Raum durchführen.

Spielintention: Körpererfahrung, Entspannung, Gemeinschaftserlebnis.

Sensible Hände

Alle Spieler schließen ihre Augen, versuchen ganz ruhig zu werden und entspannen sich. Jeder streckt seine Hände nach vorn und geht langsam und vorsichtig durch den Raum. Hände, die ihm begegnen, betastet er. Gefallen sie ihm, bleibt er einige Zeit bei ihnen. Er betastet, befühlt, streichelt sie, reagiert auf sie ... geht dann weiter, nimmt mit anderen Händen Kontakt auf, wobei die Augen stets geschlossen bleiben. Nach einigen Begegnungen öffnet jeder wieder die Augen. Wer in etwa weiß, mit welchen Spielern er in Kontakt gekommen war, kann mit diesen darüber reden, ihre Hände noch einmal betasten, jetzt jedoch mit offenen Augen.

Spielintention: Abbau von Berührungsängsten, Wahrnehmung von Personen, Kontaktaufnahme, Vertrauensübung.

Anziehung

Je 2 Spieler stehen sich gegenüber, legen ihre Handflächen aneinander und schließen die Augen für einige Sekunden. Dann lassen sie die Hände sinken, drehen sich dreimal langsam im Kreis herum und versuchen jetzt, mit geschlossenen Augen die Hände des Partners wieder zu finden.

Spielintention: Entspannung, Einfühlung, Konzentration, Orientierung.

Schau mir in die Augen!

Material: (eventuell) entspannende Musik.

Wie reagiere ich auf intensiven Blickkontakt? Die Frage läßt sich nach diesem Spiel vielleicht besser beantworten.

Jeweils zwei Teilnehmer setzen sich gegenüber und sehen sich schweigend an. Von der Spielleitung kommt die Anweisung: „Betrachtet einige Zeit eure Gesichter und versucht, den anderen wirklich zu sehen. Es soll kein gegenseitiges Anstarren – womöglich mit

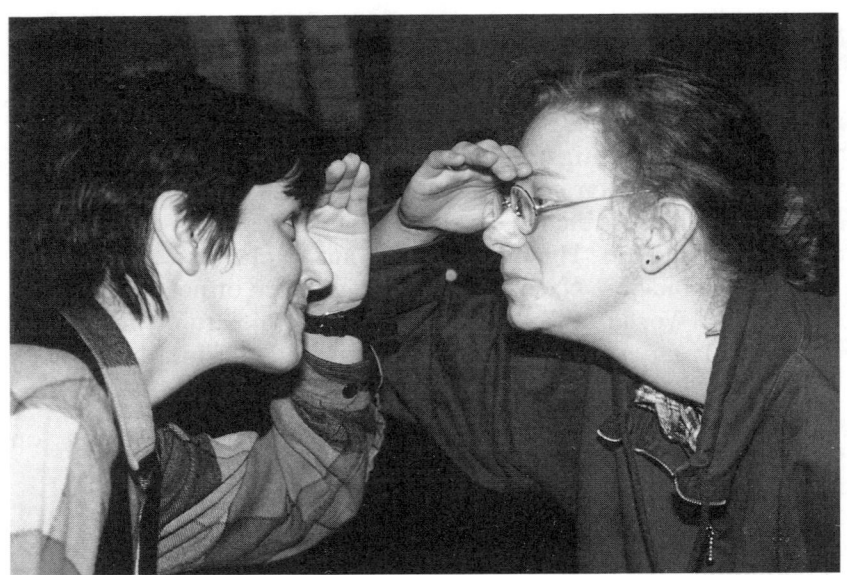

Schau mir in die Augen, Kleines!

,Hypnoseblick' sein. Schaut bitte euren Partner an und versucht, alle Einzelheiten seines Gesichts wahrzunehmen – die Farben, Formen, Linien; seht, ob sein Gesicht bewegt ist oder nicht. Nehmt den anderen wirklich wahr!"

Nach fünf Minuten folgt ein Zweiergespräch über die soeben gemachten Wahrnehmungen und Empfindungen, danach eine kurze gemeinsame Besprechung in der Gruppe.

Spielintention: intensive Wahrnehmung des Partners, Gespräch, einfühlsame Reaktion.

Schneckenhaus

Material: (eventuell) Kassettenrecorder mit ruhiger Musik.

Um Sensibilität und spontane, einfühlsame Reaktionen geht es bei diesem Spiel.

Jeder Teilnehmer sucht sich einen Partner, zu dem er Vertrauen hat. Der ist jetzt eine „Schnecke", die eine festgeschlossene Körperhaltung am Boden einnimmt. Der andere soll die Schnecke aus ihrem imaginären Schneckenhaus herauslocken, ohne sich dabei der Sprache zu bedienen. Um sich möglichst intensiv in die Schnecke hineindenken zu können, erhalten die Teilnehmer hierfür genügend Zeit. Die Paare entscheiden selbst das Ende des Spiels und tauschen dann ihre Rollen. Es können auch die Spielpartner mehrmals gewechselt werden.

Zum Schluß wird z. B. darüber gesprochen, wie schwer es war, sich abzukapseln, wodurch sich die Schnecke locken ließ, auf welche Impulse reagiert wurde, wie einfühlsam der Partner war usw.

Spielintention: behutsames miteinander Umgehen, Sensibilität, sich ohne Sprache mitteilen, spontane Reaktionen, Bewegungsimprovisation.

Nimm's wörtlich

Material: vorbereitete Zettel.

Sprichwörtlich geht es bei diesem Spiel zu. Alle Mitspieler gehen durch den Raum und halten Blickkontakt. Plötzlich ruft die Spielleitung ein Sprichwort in den Raum, das von allen Spielern wörtlich zu nehmen ist.

Einige Beispiele:

– jemandem die Zähne zeigen
– jemandem Beine machen
– jemanden an der Nase herumführen
– jemanden hinters Licht führen
– jemanden auf den Arm nehmen
– jemanden über die Löffel balbieren
– jemanden aufs Kreuz legen

Weitere Anregungen finden sich in jedem Sprichwörterbuch.

Spielintention: Kontakt zum Mitspieler, Ideen umsetzen, körperlicher Ausdruck.

Defekter Stromkreis

Ein Spieler verläßt den Raum. Die anderen sitzen in einem großen Stuhlkreis und fassen sich an den Händen. Eine Stelle dieses geschlossenen „Stromkreises" ist defekt. Die Spieler einigen sich auf eine Stelle, z. B. auf den rechten Unterarm von „Sabine". Der zuvor hinausgeschickte Mitspieler muß diese Stelle finden, indem er ein „Leitungsstück", z. B. von „Bernds" linkem Oberarm bis „Annas" rechtem Unterarm „durchmißt", nämlich „Bernds" Oberarm und „Annas" Unterarm anfaßt, einen „Meßton" („tüüüt") durch die Leitung schickt, den die Teilnehmer dann weitergeben, sofern sie kein defektes Leitungsstück haben. Wird ein „defektes Leitungsstück" durchgemessen, geben die Teilnehmer den Meßton nicht weiter. So kann der „Elektriker" langsam das defekte Stück einkreisen. Bei unserem Beispiel wäre es gefunden, wenn man die Strecke rechte Hand/rechter Unterarm von „Sabine" durchmißt. Nach einem Spieldurchgang wird wieder ein Spieler hinausgeschickt und ein anderes Körperteil als „defekte Stelle" bestimmt.

Spielintention: Kooperation, Abbau von Berührungsängsten, Kontakt zu den Mitspielern.

Kleine Flirtschule

Material: 5 Stühle.

Flirten, sagt man, sei die Fähigkeit, jemandem nahezukommen, ohne ihm zu nahe zu treten. Genau darum geht es bei diesem Spiel. Fünf freiwillige Mitspielerinnen setzen sich auf die Stühle, während fünf freiwillige männliche Spieler den Raum verlassen. Die Frauen machen nun unter sich aus, wer welchen Mann durch Flirten erobern will und geben dies den Zuschauern bekannt. Die Männer betreten einzeln den Raum, gehen einmal vor den Frauen hin und her und versuchen herauszubekommen, welche von ihnen besonders intensiv mit ihm flirtet. Meint er, „seine Partnerin" gefunden zu haben, kniet er vor dieser hin. War die Wahl richtig, so applaudieren die Zuschauer, hat sich der Kandidat geirrt, ruft das Publikum „ab nach draußen!". Das Spiel geht so lange, bis jeder Spieler seine Partnerin gefunden hat.

Spielintention: Wahrnehmung und Beobachtung, reagieren auf Blickkontakt, Kontaktaufnahme, Spannung und Spaß.

Wer sitzt da?

Das Spiel könnte auch „Wer sitzt wie?" heißen. Kurzum: Es geht darum, verschiedene Möglichkeiten des Sitzens anhand verschiedener Personen erfahrbar zu machen. Jeder Mitspieler stellt eine Sitzweise auf einem Stuhl vor, die von den anderen zu erraten ist. Also: An meinem Sitzen sollst du mich erkennen.

Beispiele:

Sitzen wie: eine Filmdiva, ein Lehrer, ein Boxer im Ring, ein König/eine Königin, ein Richter, ein Stadtstreicher, ein Schulkind, ein Fußballtrainer im Stadion, ein Schalterbeamter ...

Spielintention: körperlicher Ausdruck, Fantasie, Spaß am Darstellen und Raten, Gespräch über Sitzgewohnheiten und -wirkungen.

Blindfahrt

Auch ohne Führerscheinbesitzer zu sein, darf man an dieser „Blindfahrt" teilnehmen. Jeder Spieler sucht sich hierfür einen Partner. Einer legt von hinten die Hände auf die Schultern des anderen. Der vordere Spieler ist das Auto. Er streckt seine Arme mit hochgeklappten Händen als Stoßstange aus, während er gleichzeitig die Augen schließt. Der Wagenlenker steuert sein Auto an den Schultern geschickt durch den Verkehr, möglichst ohne mit anderen zusammenzustoßen. Nach einer gewissen Zeit bleiben alle stehen und tauschen die Rollen. Bei ungerader Teilnehmerzahl können sich auch drei Spieler zu einem Dreiradauto zusammenschließen oder mehrere Autos zu einem großen Bus.

Spielintention: Vertrauensübung, Kooperation, Orientierung unter Weglassung des Sehsinns, Spaß.

Schaufenstergestaltung

Material: (eventuell) einfache Requisiten.

Wir bilden Gruppen mit je 4–6 Spielern. Einer von ihnen wird zum Schaufenstergestalter und soll nun aus den Mitspielern seiner Gruppe eine Dekoration aufbauen. Die „Schaufensterpuppen" lassen sich beliebig bewegen und in Positur bringen. Ein guter Dekorateur läßt am Ende seines Aufbaues erkennen, um welches Geschäft (z. B. Modeboutique, Friseur, Möbelgeschäft, Videothek, Sanitätshaus usw.) es sich handelt. Einfache Requisiten dürfen eingesetzt werden.

Spielintention: körperlicher Ausdruck, Ideen umsetzen, Darstellungsfreude.

Flaschendrehen

Material: 1 Flasche.

Dieses Spiel bietet einer Gruppe, die sich schon etwas besser kennt, die Möglichkeit, nonverbal Sympathie auszudrücken und zu erfahren. Die Teilnehmer sitzen im Kreis, in dessen Mitte eine leere Flasche liegt. Die Spielleitung dreht die Flasche mit Schwung um die Querachse und läßt sie ausdrehen. Derjenige, auf den der Flaschenhals zeigt, darf jemanden umarmen, streicheln oder einen Kuß geben. Mögliche Variationen hängen von der Gruppe ab. Wer gewählt wurde, setzt als nächster die Flasche in Bewegung.

Wie verhalten sich die einzelnen Spieler, wenn sie aktiv werden müssen? Wie reagieren die Gewählten? Fällt es schwer, Kontakt aufzunehmen? Ist jemand mehrfach gewählt worden? Hat sich jemand abgelehnt gefühlt? Fragen wie diese können sowohl Beobachtungs- und Auswertungshilfe als auch Anlaß für ein Gespräch am Ende des Spiels sein. Gespielt wird, solange es der Gruppe Spaß macht.

Spielintention: nonverbal Sympathie ausdrücken, Sympathiebekundung erfahren (annehmen/ablehnen), Gespräch über Sympathie, Sensibilität.

Simultanspiele

Simultantheater

Material: Kassettenrecorder mit Musikaufnahmen.

„Simultan" heißt, etwas gleichzeitig, nebeneinander tun. In unserem Fall bewegen sich die Spieler nach einer Musik durch den Raum. Sobald die Musik abbricht, ruft irgendein Mitspieler einen Ort, an dem viele Menschen zusammenkommen, z. B. Schule (Fußballplatz, Bahnhof, Krankenhaus). Nun spielen alle Teilnehmer gleichzeitig Schule (Lehrer, Direktor, Hausmeister, Schüler, Sekretärin). Beim „Krankenhaus" würden alle Ärzte, Pflegepersonal, Patienten, Besucher, Reinigungspersonal usw. darstellen. Der Musikeinsatz leitet immer wieder zu einem „Ortswechsel" über.

Spielintention: aufeinander eingehen, komplexe Szenen darstellen, körperlicher und mimischer Ausdruck, Situationskomik.

Lebenspfad

Unser Leben birgt viele Risiken, Aufregungen, Hindernisse aber auch Spannendes und Geheimnisvolles. Durch manchen Lebensabschnitt scheinen wir blind hindurchgelaufen zu sein. Nicht ganz so riskant wie im wirklichen Leben, geht es beim „Lebenspfad" zu, den wir mit geschlossenen Augen gehen. Der Pfad wird aus allen Spielern, bis auf einen, gebildet, indem sie sich in zwei Reihen mit etwa 2 Metern Abstand und dem Gesicht zueinander aufstellen. Die Spieler halten ihre Hände nach vorne, um dem blinden Läufer gegebenenfalls die Richtung zu weisen, falls er von seinem „Lebenspfad" abweicht und ins „Leere" geht. An einem Ende des Pfades stehen zwei Mitspieler, die dem Blindlauf ein sanftes Ende bereiten. Am anderen Ende steht der Läufer, der sich freut, den Weg mit voller Geschwindigkeit zu durchlaufen. Manche Spieler wollen immer wieder laufen...

Spielintention: Vertrauensübung, ungewöhnliche Erfahrung.

Stumme Unterhaltung

Dieses Spiel macht deutlich, wie wenig im allgemeinen bei Gesprächen auf die Möglichkeiten des körperlichen Ausdrucks von Wünschen und Mitteilungen geachtet wird.

Das Spiel wird nonverbal und unter Verzicht auf jegliche Geräusche durchgeführt. Jeder Teilnehmer versucht dem oder den anderen ausschließlich durch Gesten, Mimik und Körperbewegungen seine Meinung oder Wünsche klarzumachen. Als Themen eignen sich besonders die Anordnung von Gegenständen im Raum oder die Sitzordnung. Bei Veränderungsabsichten wird es unterschiedliche Wünsche und Auffassungen geben. Die Lösungen sind ebenfalls durch Gesten, Bewegungen und Berührungen auszudrücken.

Spielintention: bewußtes Erleben nichtsprachlicher Ausdrucksmöglichkeiten, Wahrnehmungs- und Beobachtungsübung.

Begegnungen unangenehmer Art

Wir alle haben uns schon einmal in Situationen befunden, die alles andere als angenehm waren. Um „unangenehme Begegnungen" geht es bei diesem Spiel, für das die Spielleitung kleine Gruppen bildet, denen jeweils eine entsprechende Situation vorgegeben wird, die sie dann in ein Spiel umsetzen sollen.
Einige Beispiele:

– Aufdringlicher, geschwätziger Gast setzt sich im Restaurant zu einer Gruppe an den Tisch.
– Skinhead-Gruppe begegnet einem Ehepaar.
– Nörgelnder Mann äußert sich abfällig über „die Jugend" im Bus.
– Schüchterner, Gehemmter trifft eine Frauengruppe.
– Betrunkener belästigt Passanten in der Fußgängerzone.
– Ältere, jedoch rüstige Dame drängelt an der Supermarktkasse.

Nach dem Spielen der einzelnen Szenen bieten sich Gespräche über eigene Erlebnisse und mögliche Verhaltensweisen bzw. Reaktionen an.

Spielintention: freie Improvisation, Darstellung, Ausdruck, Bewußtmachung von Verhaltensmustern und möglichen Reaktionen.

Rollenschminken

Material: Fettschminke, Creme oder Vaseline, Spiegel, Verkleidungsutensilien, Musik.

Das Schminken ist nicht nur an die Faschingszeit, das Theater oder Straßenaktionen gebunden. Der Schminkvorgang an sich kann eine reizvolle Erfahrung sein. Schminken heißt verwandeln. Das kann einzeln vor dem Spiegel oder paarweise gegenseitig geschehen. Wer geschminkt wird, setzt oder legt sich möglichst bequem und schließt die Augen. Das Gesicht des zu Schminkenden wird vorsichtig und sorgfältig eingefettet. Dann können das ganze Gesicht oder einzelne

Stellen geschminkt werden. Musik kann sich beim Schminken als Stimulans und Raumfüller sehr positiv auswirken, zudem erleichtert sie die Kontaktaufnahme zwischen „Schminker" und zu schminkendem Mitspieler.

Beim Rollenschminken setzen sich je zwei Spieler zusammen und überlegen, welche Rollen sie sich schminken wollen (z. B. Clownsgesicht, Dracula, Hexe, Gangstervisage, Pippi Langstrumpf, Mephisto usw.). Nun schminkt jeder dem anderen das gewünschte „Rollengesicht". In kurzen Spielszenen können anschließend die Rollen vorgestellt bzw. erraten werden.

Der Einsatz von Verkleidungsutensilien kann die Wirkung der geschminkten Gesichter unterstreichen.

Spielintention: kreativer Ausdruck, Körperkontakt, Eingehen auf den Spielpartner, Sensibilität, Einfühlung, Darstellung.

Modenschau

Material/Hilfsmittel: beliebige alte Kleidung, Stoffe, Umhänge, Hüte, Brillengestelle, Tücher, Kreppapier, Schminke, Spiegel, Stecknadeln; Tische, Bretter, Kisten, Makulaturpapier für den Laufsteg.

Modenschauen sind eine besonders reizvolle und lebendige Form der (Selbst-)Darstellung. Sie eignen sich sowohl als Höhepunkt oder zur Auflockerung eines Festes als auch für eine eigenständige Aktion. Zunächst wird ohne Publikum mit der Kleidung, den Requisiten und der Schminke geübt. Wenn die Posen und Stellungen „sitzen", können die „Mannequins" und „Dressmen" vor Publikum auftreten.

Vorgeführt wird entweder auf Brettern und Kisten oder auf Tischen, aus denen zuvor ein Laufsteg gebaut wurde. Als Verzierungen dienen bemalte Makulaturpapiere, Stoffe und Blumen aus Kreppapier.

Möglichkeiten der Kostümierung gibt es viele. Zum einen können wir verschiedene Gruppen bilden, in denen Mannequins und Dressmen ausschließlich mit vorher bereitgelegten Materialien (z. B. leeren Müllsäcken, Alufolie, Krepp- oder Zeitungspapier) hergerichtet

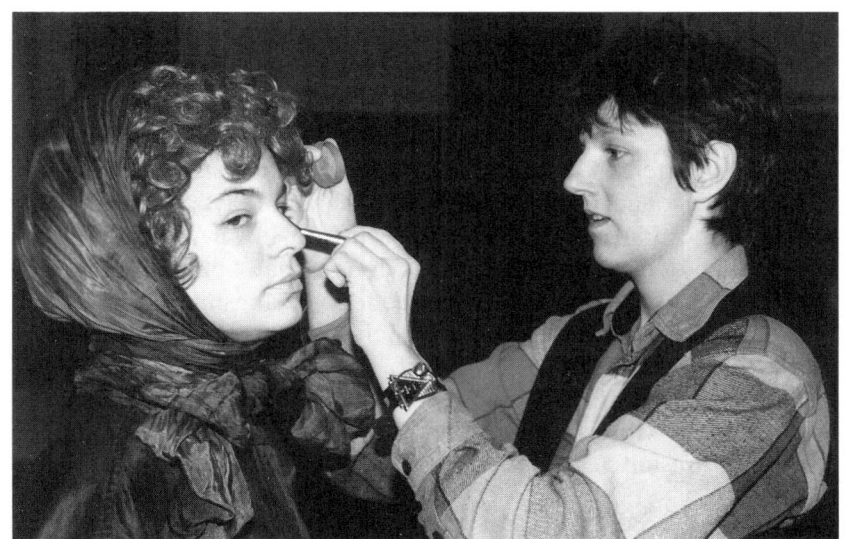

Rollenschminken für kurze Spielszenen

werden. Es können aber auch entsprechende alte Kleidungsstücke durch Verfremdung ein „verrücktes" Kostüm oder ein „schrilles" Modellkleid ergeben. Schließlich kann die gesamte Modenschau unter ein Motto gestellt werden (z. B. Öko-Mode 2000, Spar-Kleidung für den knappen Geldbeutel, Survival-Kleidung für jedes Klima usw.).

Die Akteure, es sollten mindestens 10 sein, bereiten sich in einem Nebenraum vor. Das Publikum sitzt um den Laufsteg herum.

Die Modenschau gewinnt an Atmosphäre durch die lebhaften Kommentare eines wortgewandten Conférenciers oder einer Modeschöpferin und durch eine gelungene musikalische Untermalung. Je mehr Teilnehmer beschäftigt sind, um so größer wird der Spaß für alle.

Spielintention: Fantasie entwickeln und umsetzen, Originalität, Verfremdung vorgegebenen Materials, Selbstdarstellung, körperlicher Ausdruck.

Show aus der Konserve

Material: verschiedene Musikaufnahmen (z. B. aus der Hitparade),
Verkleidungsutensilien.

Tag für Tag treten im Fernsehen Schlagerstars und -sternchen auf, die
nicht „live", sondern zur „Konserve" also zum Playback singen. Für
unser schönes Parodie-Spiel, für das wir freiwillige Akteure und am
besten auch den Laufsteg aus der „Modenschau" benötigen, setzen
wir eine Stereoanlage mit verschiedenen Gesangsnummern (Schlager, Punk, Opernarie usw.) ein. Nacheinander treten die durch einen
Moderator angekündigten Stars auf. Die Musik ertönt, und der jeweilige „Künstler" öffnet den Mund und bemüht sich nach Leibeskräften durch Mimik, Gestik und ihm eigene Körperverrenkungen
das Publikum mit seiner Kunst zu beeindrucken.

Spielintention: Körperlicher Ausdruck, Spaß an der Parodie, Situationskomik.

Wilde Mähnen bei der Modenschau.

Hitparade mit
der schrillen
„Hella von Sinnen".

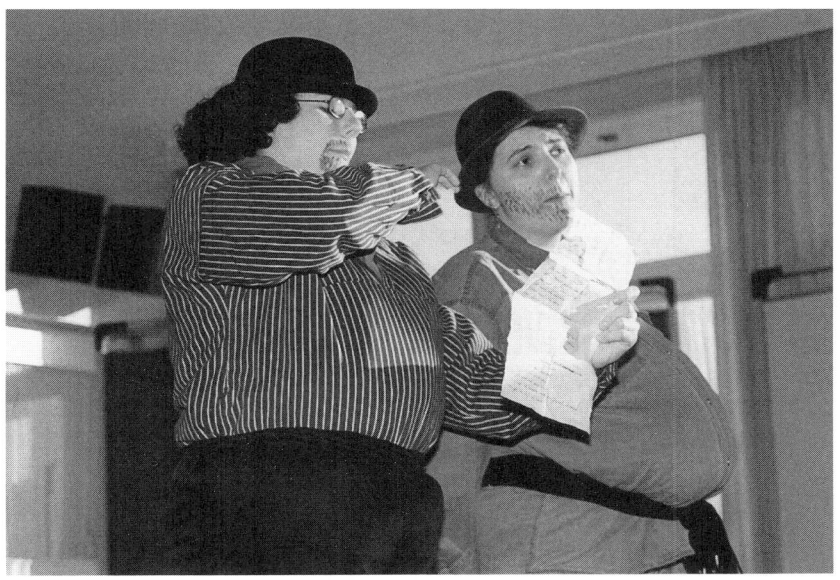

Statt „Wildecker Herzbuben": Herzilein-Folklore auf Norddeutsch.

Schlagzeilentheater

Material: 1 Stapel alter Tageszeitungen, Scheren.

Die Spieler bilden Kleingruppen von 4–5 Personen und schneiden aus bereitgestelltem Zeitungsmaterial eine Schlagzeile aus, die sie einer anderen Gruppe überreichen. Innerhalb von 5–10 Minuten soll nun jede Gruppe aus der erhaltenen Schlagzeile eine kurze Spielszene entwickeln. Wie bei mancher Zeitung üblich, ist auch bei der Darstellung ein Übertreiben durchaus erwünscht.

Spielintention: Ideen entwickeln und umsetzen, Improvisation, sich sprachlich und körperlich darstellen, Situationskomik.

Zustände

Material: vorbereitete Karten.

Es ist gar nicht so einfach, anderen bestimmte Verhaltensweisen oder innere Zustände deutlich zu machen. Für unser kleines Spiel haben wir Karten vorbereitet, die nacheinander von den einzelnen Spielern gezogen und dargestellt werden. Dieses kann sowohl pantomimisch als auch verbal geschehen. Zu erraten ist ein bestimmtes Wort.
Beispiele:
Lustig – optimistisch – grauenvoll – unklar – albern – bedrückt – verwirrt/verwirrend – langweilig/gelangweilt – schlecht – sehr gut – irreal – pessimistisch – nicht konkret – fantasielos – vernünftig – realistisch...

Spielintention: körperlicher und sprachlicher Ausdruck, Förderung der Darstellungsfähigkeit, Fantasie entwickeln, sich mitteilen.

Notlandung in Fantasia

Hilfsmittel: (eventuell) Stühle als Flugzeugsitze.

Alle Spieler besteigen ein Flugzeug. Es hebt ab. Wir fliegen. Das Flugzeug wird von leichten Windböen erfaßt. Aus dem Cockpit kommt die Mitteilung, daß die Maschine durch ein Luftloch fliegt. Wir sacken ab. Das Unwetter nimmt zu. Die Piloten entschließen sich zu einer Notlandung. Alle Passagiere schnallen sich an. Holpernd jagt das Flugzeug über ein Stoppelfeld. Wir befinden uns in einem völlig unbekannten Land. Die Passagiere steigen aus dem Flugzeug. Alles sieht merkwürdig aus und riecht ganz fremd. Langsam nähern wir uns einer Stadt mit ungewöhnlichen Straßen. Dort gibt es z. B. die Spring- und Hüpfstraße, die Lachstraße, die Streichelstraße, Flüsterstraße, Kitzelstraße, Umarmungsstraße, Rückenkraulstraße, Anrempelstraße und andere mehr.
Alle Aktionen können sowohl pantomimisch als auch sprachlich ausgeführt werden. Eine „Reiseleitung" kann als Regisseur/in durch das Spiel führen.

Spielintention: Freude am Darstellen, körperlich-mimischer Ausdruck, Aktion, Bewegung, Kontaktaufnahme.

„Humane" Maschine

Material: (eventuell) Musik.

In unserem hochmodernen Technologiezeitalter werden Menschen immer mehr durch Maschinen, Computer und Roboter ersetzt. Ähnlich, wenn auch „humaner", geht es bei diesem Körperspiel zu, für das wir Kleingruppen von maximal 6 Spielern bilden. Je ein Ingenieur soll aus den übrigen Mitspielern eine Maschine zusammenbauen. Die einzelnen „Maschinenteile" sollen sich dabei an den Händen, Hüften, Knien oder Füßen berühren und Töne von sich geben. Gelingt es nicht, die fertige Konstruktion in Bewegung zu setzen, muß der Ingenieur versuchen, den bzw. die Fehler zu beseitigen. Um die Maschine in einen bestimmten Arbeitsrhythmus zu bringen, kann Musik eingesetzt werden.

Die menschliche Maschine, sie kann z. B. eine Fließbandstraße, eine Druckerpresse oder Waschmaschine darstellen, soll etwa 3 bis 4 Minuten reibungslos funktionieren.

Die Maschine kann auch auf die Hilfe eines Ingenieurs verzichten und sich selbst organisieren.

Spielintention: Einfallsreichtum, Ideen umsetzen, Kooperation, körperlicher Ausdruck, Darstellungsvermögen.

Car-Wash

Das Auto, des Deutschen liebstes Kind, ist schmutzig geworden. Es muß in die Waschstraße. Dafür stellen sich die Spieler in zwei gleich langen Reihen mit dem Gesicht zueinander auf. Zwischen den Reihen besteht ein Abstand von einer Armlänge. Dann knien sich alle hin. Ein freiwilliger Spieler geht ans Ende der Reihe und teilt der „Waschstraße" mit, daß er z. B. ein schmutziger Trabbi ist und bewegt sich auf allen Vieren durch die Reihen hindurch.

Von der Automarke und dem Zustand des Wagens hängt es ab, wie gewaschen und gereinigt wird. So wird der schmutzige Trabbi gründlich eingeschäumt und gebürstet, während ein neuer Mercedes oder Volvo nur schonend mit dem weichen Schaum gewaschen wird, um den Lack nicht zu beschädigen. Und genau das machen jetzt die

Spieler in den beiden Reihen. Mit ihren Händen spritzen sie das Auto naß, schäumen es kräftig ein, bürsten den Schmutz ab und blasen es trocken. Dieses kann in einem oder in zwei Waschdurchgängen geschehen. Die vollautomatische „Waschanlage" nimmt auf die individuellen Unterschiede der Fahrzeuge Rücksicht.

Spielintention: Körperkontakt, körperlicher Ausdruck, Sensibilität, Kooperation.

Vier auf einen Streich

Material: Zeitungen, Kassettenrecorder mit Musikaufnahmen.

Ein Spiel, bei dem sich die Teilnehmer garantiert näherkommen. Je vier Personen stellen sich auf eine ausgebreitete Zeitung und bewegen sich sanft zur Musik des eingeschalteten Kassettenrecorders. Wird die Musik unterbrochen, falten die Spieler ihre Zeitung jeweils einmal zusammen. Nach und nach verkleinert sich so die Stand- bzw. Tanzfläche. Zum Schluß befinden sich alle aneinandergeklemmt nur noch auf einem klitzeklein zusammengefalteten Zeitungspapier.

Spielintention: aufeinander eingehen, Abbau von Berührungsängsten, Kooperation, Spielspaß.

Action, Wirbel, Austoben, körperliches Wohlbefinden, lustvolles Ausleben: bewegungsintensive Spiele

Jedem echten Vergnügen liegt eine körperliche Lustempfindung zugrunde. Bei Kindern äußert sich diese Lustempfindung im lebensnotwendigen Grundbedürfnis nach Bewegung. Erwachsene haben sich um diese Lust bereits weitgehend gebracht. Dabei kommt es auch bei ihnen nach längeren Phasen der Bewegungsarmut zu einem erhöhten Bewegungsdrang, zu Spannungen und Aggressionen.

Spannungszustände des Körpers, selbst heftige Gefühle, können wir am einfachsten durch intensive Bewegung abreagieren. Wenn Körperbewegungen ungehindert fließen und mit der Umgebung im Einklang sind (wie z. B. beim Tanzen), kommt es zu angenehmen Empfindungen. Dieser Zustand körperlicher Lust führt beim Spiel zum erforderlichen Lockerlassen, und der Körper reagiert frei. Wer gehemmt ist, gibt sich beim Lustempfinden schwer, weil unbewußte Zwänge in seinem Körper die natürliche Beweglichkeit blockieren. Er bewegt sich entsprechend steif, verkrampft und unrhythmisch.

Wie beweglich jemand ist, spiegelt sich auch in der Lebhaftigkeit seines Gesichtsausdrucks und seiner Gestik wieder. Ein wendiger Körper ist eine Grundlage für Spontaneität, die wiederum ein Auslöser für kreatives Verhalten ist.

Als wichtigste Ziele der bewegungsintensiven Spiele lassen sich nennen: Lust und Spaß an Bewegung, Auflockerung und Gelöstheit, Körpererfahrungen machen, Bewegungsimprovisationen erleben; sich austoben, ungezwungen verhalten, abreagieren; Wendigkeit, Kraft und Ausdauer erfahren.

Wilde Bewegungsspiele müssen kein Chaos bedeuten, wenn man sich vor Spielbeginn auf für alle verbindliche Regeln einigt. Durch die meist offenen Spielsituationen, wird auch die Fantasie der Teilnehmer/-innen angeregt und gefördert.

108

Spielangebote

Ballonspiele

Material: Luftballons, Musik, Kugelschreiber oder Filzschreiber.

Luftballons können ideale „Spielpartner" sein. Für diese Spielfolge erhält jeder Teilnehmer einen Luftballon, auf den er seinen Namen schreibt.
Zu einer bewegungsbetonten Musik gibt die Spielleitung in Abständen von etwa 3 Minuten folgende Spielanweisungen:

1. Alle spielen, tanzen und bewegen sich mit ihrem Ballon.
2. Unter Einsatz aller Körperteile halten wir den Luftballon ständig in der Luft.
3. Wir tauschen unseren Ballon mit einem Partner aus, spielen uns die Ballons zu, z. B. von Fingerspitze zu Fingerspitze.
4. Jeder nimmt sich einen Ballon, sucht den Besitzer und sagt ihm, was man sich von ihm gemerkt hat.
5. Alle Spieler versuchen gemeinsam alle Ballons in der Luft zu halten.

Die Reihenfolge ist beliebig veränderbar.

Spielintention: Körpergefühl entwickeln, behutsame Bewegungen, Kooperation, Kontakt, Dialoge.

Ebbe und Flut

Die Spieler verteilen sich im Raum, und die Spielleitung beginnt eine Geschichte zu erzählen, die von Menschen am Strand handelt. Alle Spieler führen die Bewegungen aus, die in der Geschichte vorkommen, also z. B. gehen, im Sand kriechen, Ball spielen, auf einem Bein hüpfen usw. Fällt in der Geschichte das Wort „Ebbe", müssen sich alle schnell auf den Boden setzen. Wer zuletzt sitzt, erzählt weiter. Wird aber das Wort „Flut" erwähnt, müssen alle umgehend mit ihren

Füßen vom Boden weg, z. B. auf Stühle oder Tische steigen. Wer zuletzt oben ist, erzählt weiter.

Spielintention: Action, Spannung, Reaktion, Situationskomik.

Tanz der Vampire

Material: eine möglichst spannende, schaurige (Tanz)musik.

Ein Spiel, frei entwickelt nach dem gleichnahmigen Film Roman Polanskis. Zu einer möglichst schaurig-spannenden Musik tanzen alle Spieler mit geschlossenen Augen im Raum. Begegnen sich zwei Tänzer, so geben sie sich die Hand. Einer der Mittänzer ist der blutsaugende Vampir. Er stößt nach dem Händedruck einen wilden Schrei aus und verwandelt somit den anderen auch zum Vampir. Sein Ziel ist, möglichst alle mit dem Vampir-Bazillus zu infizieren und alle zu Vampiren zu machen. Treffen jedoch zwei Vampire aufeinander, sind sie wieder erlöst. Für karpaten- und vampirtanzerfahrene Spieler bietet sich als Variante des Händedrucks ein Kuß auf den Hals an.

Übrigens: Der Lieblingswalzer der Vampire ist „Wiener Blut".

Spielintention: Spaß, Spannung, Kontakte.

Hintendrauf

Obwohl dieses Spiel von modernen Pädagogen sicher als ein Relikt aus der Zeit körperlicher Züchtigung angesehen wird, erfreut es sich nach wie vor großer Beliebtheit.

Zwei Mitspieler stellen sich einander gegenüber. Der eine ergreift mit seiner rechten oder linken Hand die seines Gegenübers und hält diese während des ganzen Spiels fest. Jeder versucht nun mit seiner freien Hand, dem anderen auf den Po zu klopfen. Wer es dreimal geschafft hat ist Sieger. Anschließend suchen sich Verlierer und Gewinner neue „Hintendraufpartner".

Spielintention: Bewegungsspaß, körperliches Geschick, ausgelassen sein.

110

Höhenfliegerin

Höhenflug

Ein schönes Gemeinschaftserlebnis für die Gesamtgruppe vermittelt dieses Spiel. Es wird eine Doppelreihe gebildet, bei der sich die Spieler frontal gegenüberstehen. Sie halten sich jeweils zu zweit an ihren überkreuzten Händen fest. Ein Mitspieler wird durch die Spielreihe hindurchgewippt. Am Ende der Reihe warten ein bis zwei kräftigere Mitspieler, die dem „Höhenflieger" bei der sanften Landung behilflich sind und ihn auffangen.

Brillenträger sollten vor Spielbeginn ihre Brille absetzen.

Spielintention: Vertrauensübung; ungewöhnliche, angenehme Körpererfahrung machen.

111

Auftau- und Gefriertanz

Material: rhythmusbetonte Musik.

Die Spieler stehen einzeln verteilt im Raum. Die Spielleitung teilt ihnen mit, daß ihre Körperteile „eingefroren" sind und erst allmählich wieder „aufgetaut" werden.
Zu einer rhythmusbetonten Musik werden durch Ansage die einzelnen Körperteile in Abständen von ca. 15 Sekunden „aufgetaut". Vorschlag für die Reihenfolge: Stirn – Kopf – Finger – Hände – Schultern – Oberkörper – Hüften – Beine – ganzer Körper. Dann erfahren die Spieler, daß sie wieder „eingefroren" werden, und es erfolgt die Rücknahme der Bewegungen: ... Beine – Hüften – Oberkörper ...
Am Ende des Spiels reflektieren die Tänzer, wie sie das Spiel erlebt und die Musik erfahren haben.

Spielintention: körperliche Bewegungsmöglichkeiten erleben; erfahren der Spannung, sich nicht bewegen zu dürfen; Körperbeherrschung.

Sardinendose

Hilfsmittel: möglichst mehrere abgedunkelte Räume, in denen man sich verstecken kann.

Ein spannendes Spiel, das in etwas abgewandelter Form in Louis Malles Film „Pretty Baby" gespielt wurde. Je nach Anzahl der Räume können 6–30 Personen mitspielen. Wichtig ist, daß sich die Räume völlig verdunkeln lassen. Dann wird ein (!) Spieler ausgemacht, der 3 Minuten Zeit hat, sich in einem der Räume zu verstecken. Nach etwa 3 Minuten geht jeder für sich los, um den Versteckten zu suchen. Wenn ein Spieler eine Person entdeckt hat, sagt er nichts, sondern bleibt mäuschenstill und gesellt sich zu dieser Person. Jeder weitere, der das Versteck findet, macht es ebenso, bis ein armer Mitspieler allein herumirrt.
Besonders lustig wird es, wenn einige Spieler mogeln, indem sich z. B. ein Suchender irgendwo hinsetzt oder hinlegt und so tut als sei er der Gesuchte. Je nach „Findigkeit" der Sucher kann das Spiel mehr

oder minder lange dauern. Wer als erster das Versteck findet, darf sich in einer nächsten Spielrunde als erster verstecken. Das Spiel eignet sich besonders für dunkle Abendstunden.

Spielintention: Spannung, Spaß, Kontakte zu den Mitspielern.

Schlangengrube

Material: 1 etwa 8 bis 10 Meter langes Seil.

Wir knoten das Seil so, daß es einen Kreis bildet. Dieses Seil fassen dann alle Spieler an und achten darauf, daß es immer gespannt ist. Jetzt kommt ein durch Abzählen ermittelter Spieler in den Kreis. Er versucht, die Hand eines Mitspielers am Seil zu erwischen. Sobald er jemanden abgeschlagen hat, darf er aus dem Kreis, der Schlangengrube, und der Abgeschlagene muß hinein. Allerdings: Die Spieler am Seil können das Seil loslassen, was der „Schlange" im Kreis nicht unbedingt gefallen wird. Damit das Seil gespannt und das Spiel spannend bleibt, müssen die Spieler nach dem Loslassen des Seils sofort wieder nachgreifen.

Spielintention: körperliche Geschicklichkeit, Reaktion, Kooperation, Spannung, Spaß, Bewegung.

Blume

Die Spieler liegen auf dem Boden. Von der Spielleitung erfahren sie, daß sie sich auf einer imaginären Wiese befinden.

In bestimmten Abständen folgen Spielimpulse wie:

– Nehmt den Geruch und Geräusche um euch wahr (mit geschlossenen Augen).
– Ihr erwacht und seid eine Blume...
– Zuerst hebt die Blume langsam ihren Körper...
– Die Blume saugt die erwärmenden Strahlen in sich auf und beginnt zu wachsen...
– Ein Schmetterling setzt sich auf ihrer Blüte nieder...

- Langsam ziehen Wolken auf und die Blüte schließt sich ein wenig...
- Leichter Nieselregen läßt die Blüte kleiner und immer kleiner werden...
- Am Abend hat sie wieder in ihre Ausgangsstellung zurückgefunden.

Spielintention: Sensibilisierung; spontane, einfühlsame Reaktionen, körperliche Ausdrucksmöglichkeiten, Bewegungsimprovisation.

Hölle

Material: je Spieler ein Tuch.

Wer dieses Spiel einmal mitgemacht hat, weiß, wie es in der Hölle zugeht. Jeder Spieler erhält ein Tuch, das am Gürtel oder sonstwo an der Kleidung zu befestigen ist. Jedoch nicht etwa mit einem Knoten, sondern möglichst so, daß man es leicht stibitzen kann. Sind alle Tücher befestigt, geht es los. Alle werden jetzt versuchen, den anderen Mitspielern die Tücher zu stehlen. Wem dabei das eigene Tuch verlorengeht, scheidet aus. Besonders wild geht es in der Hölle bei begrenzter Spielzeit zu. Wer stibitzt die meisten Tücher und wird Oberteufel/in?

Spielintention: sich austoben, übermütig sein, Spaß haben.

Kissenschlacht

Material: strapazierfähige, mit Schaumstoff gefüllte Kissen.

Auch hier geht es wild zu. Im möglichst freigeräumten Raum wird nach Leibeskräften getobt. Jeder darf sein Schaumstoffkissen auf jeden werfen. Wer nicht mitspielen möchte, wirft sein Kissen weg und darf nicht mehr angegriffen werden. Das Spiel eignet sich auch für draußen. Dort sollte der Spielraum eingegrenzt werden.

Spielintention: austoben, Gelöstheit, verrückt spielen dürfen.

Dinoschwanzjagen

Material: 1 Tuch.

Wer den gefährlichen, irrwitzigen Dinosaurier Rex in Aktion erleben will, muß einfach mitmachen und sich an den „Dino" anschließen, bei dem die Spieler die Hüfte ihrer Vorderfrau bzw. ihres Vordermannes umfassen. Der mächtige Dinosaurier bekommt an seinem Schwanz – also dem letzten Mitspieler – ein Tuch befestigt, das der Kopf des Dinos ergattern muß. Die wilde Jagd kann beginnen.

Spielintention: Spaß, Gelöstheit, Kooperation, Action.

Ozeanwelle

Hilfsmittel: Stühle.

Die Spieler sitzen auf eng zusammenstehenden Stühlen im Kreis. Ein Spieler kommt als „Kapitän" in die Mitte und übernimmt das Kommando. Sobald er „Welle von links" ruft, müssen alle Stuhl um Stuhl nach links rücken. Das muß sehr schnell gehen, wobei der Kapitän versucht, auf einen freien Stuhl zu gelangen. Beim Kommando „Welle von rechts" muß die Welle in der anderen Richtung laufen. Besonders reizvoll wird es, wenn die Kommandos schnell wechseln. Gelingt es dem Kapitän, einen freien Stuhl zu ergattern, wird der zum Kapitän, der nicht schnell genug nachrücken konnte. Gelingt es dem Kapitän nicht, so kann er „Flut" rufen, und alle Spieler müssen die Plätze wechseln. Nach einigen Spieldurchläufen werden die Bewegungen immer flüssiger und koordinierter.

Spielintention: Action, Koordination, Reaktion, Spaß an der Bewegung.

Flohjagd

Material: 1 Tuch.

Mit diesem Spiel wird der Flohplage der Kampf angesagt. Ein Freiwilliger Spieler schlüpft in die Rolle des „Kammerjägers". Ihm werden mit einem Tuch die Augen verbunden. Dann wird er auf einer zuvor abgegrenzten Spielfläche einige Male herumgedreht. Der Kammerjäger soll nun die umherhüpfenden Flöhe bzw. Mitspieler abschlagen. Das Spiel ist zu Ende, wenn alle Flöhe eingefangen wurden und sich keiner mehr bewegt.

Spielintention: Bewegungsspaß, räumliche Orientierung beim Fänger. Austoben.

11 Wilde Tanzspiele

Material: beliebte Tanzmusik, ansonsten siehe jeweilige Spielbeschreibung.

Durch unsere „wilden Tanzspiele", die allesamt nicht vom Deutschen Tanzlehrerverband anerkannt sind, kommen sich die Spieler dennoch auf sehr lustige, ungezwungene Art näher. Die folgenden Tanzvorschläge eignen sich für Einzeltänzer, Paar- und Gruppentänze. Um möglichst viele zum Mittanzen zu animieren, ist es günstig, mit einem Gruppentanz zu beginnen.

Schlangentanz
Alle tanzen in einer langen Schlange (z. B. zur „Polonäse Blankenese"). Der letzte Tänzer versucht, die Schlange zu verlängern, indem er weitere Personen zum Mittanzen auffordert.

Dreibeintanz
Wir bilden Tanzpaare. Ein Spieler wird mit seinem linken Bein am rechten Bein des Tanzpartner festgebunden. Mit Einsetzen der Musik tanzen die an einem Raumende aufgestellten Paare bis ans andere Ende des Raumes. Eine zuvor gewählte Jury kann die besten Tanzpaare prämieren.

Stuhltanz
Zu zweit wird auf einem Stuhl getanzt. Zur Erschwernis klemmen wir den Tanzpaaren noch eine Apfelsine oder einen kleinen Luftballon zwischen die Stirn. Beide dürfen nicht auf den Boden fallen. Wer hält am längsten durch und wird Deutscher Meister im Stuhltanz?

Beutetanz

Ein neuer Modetanz, der an alte Beutefeldzüge anknüpft. Die Musik setzt ein. Ein einzelner Spieler legt verschiedene mittelgroße Gegenstände wie Kugelschreiber, Streichholzschachteln, Tempotaschentücher usw. verstreut auf den Fußboden, und zwar um einen Gegenstand weniger als Tanzpaare vorhanden sind. Die Tanzenden müssen die Gegenstände zunächst ignorieren. Setzt jedoch die Musik aus, muß jedes Paar blitzschnell einen Gegenstand aufheben. Das Paar ohne Beute muß ausscheiden.

Versteinerungstanz

Auch dieser Tanz setzt bei den Tänzern keinerlei besondere Fähigkeiten voraus. Die Spielleitung läßt Tanzpaare bilden, die sich zu einer flotten Musik möglichst figurenreich bewegen. Setzt die Musik plötzlich aus, so müssen die Paare in der jeweiligen Stellung bewegungslos verharren. Wer sich bewegt scheidet aus und darf jetzt beobachten. Die Musik setzt wieder ein, usw. ... Unterschiedliche zeitliche Abstände zwischen den einzelnen Musikstücken steigern den Überraschungseffekt.

Canterville

Der „Geist von Canterville" stand Pate für diesen wirklich vortrefflichen Modetanz. Zu einer schaurig-schönen Musik tanzt je ein Paar unter einem Bettlaken als Gespenst.

Apfelsinentanz

Eher traditionell geht es bei dieser Tanzform zu, wo sich die Tänzer einen Gegenstand zwischen ihre Stirnen klemmen, der nicht zu Boden fallen darf. Statt einer Citrusfrucht darf's auch ein anderer einklemmbarer Gegenstand (Streichholzschachtel o. ä.) sein.

Grüne Tomaten

In Anlehnung an den amerikanischen Kinofilm „Grüne Tomaten" wendet sich dieser schöne Tanz an mindestens 2 Paare, die Aufstellung nehmen. Der Herr hält in seiner linken, die Dame in ihrer rechten Hand einen Löffel, auf dem eine Tomate (notfalls ein ähnlicher Gegenstand, möglichst jedoch keine holländische Tomate) liegt. Im Wettstreit versuchen die Paare zu einer beschwingten Musik (von ca. 3 Minuten Dauer) Löffel und Inhalt unbeschädigt über die Tanzfläche zu bringen. Paare, denen dies gelingt, dürfen gemeinsam ihre Tomate verspeisen.

Trampler

So deftig wie sein Name ist auch der Tanz selbst. Es bilden sich Tanzpaare, denen wir mit einem kurzen Band einen Luftballon um den rechten Fußknöchel binden. Alle Teilnehmer auf der Tanzfläche haben noch die Aufgabe, möglichst jeden anderen Ballon zum Platzen zu bringen, gleichzeitig jedoch den eigenen Ballon vor den Angriffen der Gegner zu schützen. Sieger ist natürlich, wessen Ballon als letzter unversehrt bleibt.

Rutschi

Fast so etwas wie ein „Ritualtanz" für Männer: Einige von der Spielleitung ausgewählte männliche Spieler setzen sich auf ein bereitgestelltes längliches Tuch, daß sie an den beiden Zipfeln eines Endes festhalten. Es kommt zum Wettkampf, bei dem die weiblichen Teilnehmer Schiedsrichterinnen sind. Auf dem Tuch sitzend rutscht jeder Teilnehmer (z. B. zum „Radetzki-Marsch") auf sein Ziel zu durch den Raum. Dem Schnellsten winkt der Siegerkuß einer durch das Los bestimmten Teilnehmerin.

Ostfriesischer Anglertanz

Die Paare drehen sich im Kreis. Auf einem Stuhl in der Mitte der Tanzfläche steht der „Tanzmeister". Er hält eine Angelrute in den Händen, ein etwa 1 Meter langer Stock mit einer Schnur, an deren Ende ein Korken befestigt ist. Diesen Korken läßt er über den Köpfen der Tanzenden hin und her baumeln. Die Tanzpaare versuchen, den Korken einzufangen. Wem dies gelingt, bekommt vom Tanzmeister einen Leckerbissen – natürlich keinen Regenwurm – in den Mund gesteckt.

Spielintention: je nach Tanzspiel: Sich körperlich näherkommen, Tanzhemmungen überwinden, Spaß an ungewöhnlichen Bewegungsaktionen, Kontakte, Spannung, austoben.

Land unter

Hilfsmittel: Stühle.

Die Heimat dieses Spiels könnten die ostfriesischen Halligen sein. Alle Spieler stehen zu Beginn des Spiels jeder auf einem Stuhl im Raum. Sie wandern dann gemeinsam von Stuhl zu Stuhl, während die Spielleitung von außen versucht, jeden kurzzeitig leeren Stuhl zu entfernen. Auf wie vielen Stühlen bzw. Halligen haben die Spieler Platz, ohne den Boden bzw. das Wasser berühren zu müssen.?

Spielintention: Reaktionsvermögen, körperliche Geschicklichkeit, Kooperation.

Momentaufnahmen

Material: Musik.

Für dieses Spiel benötigen wir genügend Spielfläche. Die Teilnehmer bewegen sich zu einer Musik kreuz und quer durch den Raum. Sobald die Musik von der Spielleitung unterbrochen wird, erfolgt eine Anweisung, die sofort zu erfüllen ist. Sobald dann die Musik wieder einsetzt bewegen sich alle weiter durch den Raum. Vorschläge für Anweisungen:

– Alle legen sich auf den Boden und stehen erst wieder auf, wenn die Musik beginnt.
– Jeder versucht sich genau in die Mitte des Raumes zu stellen.
– Ganz schnell stellen sich alle hintereinander in alle vier Ecken des Raumes.
– Jeder versucht sich irgendwo im Raum zu verstecken.
– Blitzschnell finden sich alle auf einem kleinen unsichtbaren Floß zusammen...

Spielintention: einstellen auf unvorhersehbare Situationen, Spontaneität, Auflockerung, Kontaktaufnahme, Bewegung.

Ausbruch

Zwei Ganoven wollen aus einem Kreis – ihrem Gefängnis – ausbrechen. Die umstehenden Spieler halten sich an den Händen fest und wehren so gut es geht ab. Sobald einem der Gangster der Ausbruch gelingt, darf er von außen her seinem Komplizen helfen.

Spielintention: sich austoben, Kooperation, Koordination, Reaktion.

Popcorn

Hier geht's schön flippig zu. Alle Spieler stellen Maiskörner dar, die auf einer großen Bratpfanne liegen. Langsam fangen sie an zu „poppen". Einige „poppen" aneinander und „poppen" nun gemeinsam. Zum Schluß wird von der Spielleitung imaginärer Honig über das Popcorn gegossen und alle kleben aneinander.

Spielintention: austoben, Bewegungsfreude, Körperkontakte.

Ohne Tau ziehen

Es geht auch ohne Tau. Auf einem nicht zu harten Untergrund stellen sich zwei gleichstarke Gruppen hintereinander gegenüber. Die ersten Spieler halten sich an den Händen fest. Die Hinterfrauen und Hintermänner fassen sich an den Hüften. So richtig schön wird das Spiel, wenn die Spieler die Seiten wechseln und jeweils der gerade schwächsten helfen.

Spielintention: austoben, Kräftemessen, aber auch Kooperation.

Formel-I-Start

Wir befinden uns am Start zur Weltmeisterschaft der Formel-I-Rennwagen in Monte Carlo. Bei diesem Spiel können sich die Spieler richtig abreagieren und schreiben, was-das-Zeug-hält.

Für den „Start" der PS-starken Renner stellen sich alle in einem großen Kreis auf und machen die Bewegungen und Geräusche der Spielleitung mit. Es beginnt mit völliger Stille, dann

- in die Hände klatschen, zuerst lautlos, dann langsam stärker und schneller werdend...
- nun mit den Füßen stampfen, erst lautlos, dann schwach, schließlich stärker und stärker, schneller und schneller...
- Hand- und Fußgeräusche steigern sich. Alle stampfen und klatschen, was-das-Zeug-hält...
- Die Motoren der Rennwagen sind so richtig in Gang gekommen, der Lärm steigert sich, die Arme werden hochgeschleudert und unter höllischem Geschrei jagen die Rennwagen los, während alle Spieler so hoch springen, wie sie können...
- Der Lärm nimmt jetzt immer mehr ab. Die Rennwagen sind am Horizont verschwunden.

Spielintention: sich so richtig abreagieren, Bewegungen ausleben.

Rasante Bustour

Hilfsmittel: 1 Stuhl pro Teilnehmer.

Heute ist ein günstiger Ausflug mit „Horror-Tours", dem wilden Busunternehmen aus Krachingen angesagt.

Wie im Bus sind die Stühle hintereinander angeordnet. Wenn alle Platz genommen haben, startet der Busfahrer eine rasante Fahrt, die durch entsprechende Körperbewegungen verdeutlicht wird, z. B. durch plötzliches Zurückfallen beim Anfahren, heftiges Rütteln während der Fahrt, halsbrecherische Rechts- und Linkskurven, Nach-vorne-fallen beim scharfen Bremsen. Die Businsassen machen alle Bewegungen mit. Der Fahrer kann seinen Fahrstil noch akustisch mit „Motorgeräuschen und quietschenden Bremsen" unterstreichen. Das Spiel eignet sich besonders als Überleitung zu anderen Spielen.

Spielintention: Spaß an der Bewegung, Koordination.

Wilde Auktion

Material: beliebige Gegenstände, Kiste, Stühle.

Heute findet eine außergewöhnliche Auktion statt. Versteigert werden Gegenstände bekannter Persönlichkeiten. Der Auktionator steht auf einer stabilen Kiste oder einem Stuhl. Alle anderen Mitspieler sitzen vor ihm und schauen ihn an. Auf der gegenüberliegenden Raumseite stehen so viele Stühle wie Mitspieler vorhanden sind. Versteigert wird z. B. die berühmte Schublade eines ehemaligen Sozialministers oder der Hut von Kaiser Napoleon. Es wird geboten: Zum Ersten, zum Zweiten – und plötzlich heißt es zum Dritten. Sofort müssen alle auf die gegenüberliegende Seite laufen. Wer keinen Platz abbekommen hat, schlüpft in die Rolle des Auktionators und darf weiter versteigern.

Spielintention: originelle Ideen äußern, Bewegung, Action, Spaß.

Skatebordpaddeln

Material: 2 Skateboards, Stoppuhr.

Gespielt wird in mehreren Durchgängen jeweils zu zweit um die Wette. Die Wettkämpfer hocken jeder auf einem Skatebord und versuchen so schnell wie möglich eine bestimmte Strecke zu durchfahren. Zur Fortbewegung dürfen sie ausschließlich die Hände benutzen. Das Wettpaddeln ist sportlicher und optischer Genuß zugleich.

Spielintention: Körperbeherrschung, Kraft, Wendigkeit, Ausdauer, Jux.

Grenzen überschreiten, albern und verrückt sein, Spaß an kultiviertem Quatsch haben: Nonsens- und Blödelspiele

Als Deutsche sind wir es gewohnt, tiefernst miteinander umzugehen. Den Humor überlassen wir vorwiegend den Berufskomikern. Manche von ihnen, wie z. B. Loriot, beherrschen die Kunst des Nonsens, indem sie den Unsinn hinter den (oft ernsten) Dingen erst sichtbar machen.

Wenn etwas keinen „Sinn" macht – für wen und in wessen Interesse eigentlich? – spricht man von „Quatsch", „Blödelei" und „Nonsens". Laut Duden stehen alle drei Bezeichnungen für „Unsinn, sinnloses, törichtes, auch dummes Zeug und Gerede". Abgesehen von den uns eigenen Sinnen wie Seh-, Hör-, Riech-, Schmeck- und Tastsinn, gibt es eine Reihe anderer „Sinne": Scharfsinn, Stumpfsinn, Eigensinn, Leichtsinn, Frohsinn, Tiefsinn, Schwachsinn, Wahnsinn und natürlich Unsinn- bzw. Blödsinn.

„Sinnig" bedeutet eigentlich soviel wie „empfänglich" und „gedankenreich". Im Alltag, ob in Schule, Arbeitsplatz, Freizeit oder Politik – gibt es immer wieder Situationen, deren scheinbar ernster Sinn sich bei näherer Betrachtung als potenzierter Unsinn darstellt. Die Frage nach der Ernsthaftigkeit, also nach dem Sinn, ist nicht zuletzt eine Frage des persönlichen Standpunktes.

Auch Nonsens und Blödeleien haben natürlich einen Sinn. Da sie fast ausnahmslos mit Lachen, Spaß und Freude zu tun haben, können wir sie getrost als die preiswerteste Art der Psychotherapie bezeichnen. Peter Ustinov beschrieb das Lachen einmal als „die zivilisierteste Form menschlichen Geräuschs". Nonsens- und Blödelspiele sind eine ausgezeichnete Möglichkeit, sich selbst nicht ununterbrochen wichtig zu nehmen. Sie sind eine gesellige Spielform mit mimischen und dialogischen Elementen. Als besonders lustbetonte Spiele leben sie vom Vergnügen am (kultivierten) Blödsinn, vom

Mut zur Verfremdung und Selbstironie, vom Gemeinschaftserlebnis, von der Verwirklichung origineller Ideen, der Freude am Parodieren und Improvisieren.

Spielangebote

Grimassenrunde

In jedem Gesicht schlummern verborgene Ausdruckskräfte, die wir jetzt endlich aktivieren wollen.

Die Spieler sitzen oder stehen im Kreis, so daß sich alle sehen können. Einer beginnt als erster und schneidet eine Grimasse. Wenn sie jeder gesehen hat, wendet er sich nach rechts oder links. Hat sich der Nachbar vom Gelächter, Erstaunen oder Schock erholt, versucht er die vorgegebene so genau wie möglich nachzuahmen und weiterzugeben. So macht die Fratze einmal die Runde.

Variation: Ein Spieler setzt eine bestimmte Grimasse auf und dreht sich zum rechten Nachbarn. Dieser übernimmt die aufgesetzte Miene, wendet sein Gesicht zur Mitte, sucht sich eine neue Grimasse und gibt diese weiter nach rechts usw.

Nachdem jeder sein verzerrtes „Spiegelbild" gesehen hat, wird er sicher mit seinem alten Ego zufrieden sein.

Spielintention: Mut zur Verfremdung und Selbstironie, Spaß am Blödeln, Gelöstheit.

Das Festessen

Material/Hilfsmittel: 1 langes Seil (pro Teilnehmer ca. 50 cm), gedeckter Tisch, (eventuell) Lätzchen, Tafelmusik.

Hier geht es nicht etwa um das berühmte „Dinner for one", sondern gleich um eine große Festtafel. Für unser außergewöhnliches „Festessen" werden alle rechten Hände der Teilnehmer an den Handgelenken in etwa 40 cm Abstand zusammengeknotet.

Das Spiel erfordert Geschick, Taktik und Kooperation, denn die Teilnehmer des Festessens müssen sich aufeinander abstimmen, wann nun wer die Tasse an den Mund führen oder sich etwas vom Teller nehmen darf. Da kommt es schon vor, daß dem Nachbarn einmal das Getränk verschüttet oder der Bissen aus dem Mund gezogen wird. Man wird sehen...

Spielintention: Spaß an kultiviertem Blödsinn, Kooperation, Entwickeln von Problemlösungsstrategien.

Bierkrugstemmen

Material: 2 Bierkrüge, Wasserbehälter mit Wasser zum Nachfüllen, Stoppuhr.

Liebhaber bayerischer Traditionen kennen dieses Spiel natürlich. Wir führen es in der alkoholfreien Variante durch. Dazu müssen die Spieler einen mit Wasser gefüllten Bierkrug so lange wie möglich waagerecht am ausgestreckten Arm halten. Die „Kraftprotz"-Übung kann entweder zu zweit gegeneinander oder einzeln im Ringen mit der Stoppuhr durchgeführt werden. Sieger wie Verlierer erhalten zur Kräftigung einen Schluck Malzbier.

Spielintention: Kraftübung, Ausdauer, Konzentration, Gaudi.

Killerspiel

Material: 1 Kartenspiel.

Dieses schaurig-schöne Spiel ums lautlose Morden ist eine Unterhaltung für 7–15 Teilnehmer. Eine besondere Vorbildung, wie z. B. das Ansehen aller Krimi-Wiederholungen im Fernsehen oder das Lesen von Sherlock-Holmes-Bücher ist nicht notwendig. Benötigt werden nur ein Skatspiel und viel Spielfläche, am besten ein ganzes Gebäude, in dem man sich gut verstecken kann. Im wesentlichen geht es darum, daß ein Killer alle anderen ins Jenseits befördert oder der Entdeckung durch den Kommissar entgeht. Der Kommissar gewinnt, wenn er den Killer möglichst rasch zur Strecke bringt, und alle anderen Mitspieler gewinnen, wenn sie sich ihrer Ermordung entziehen.

Und so geht's los: An die Spieler werden Karten mit Pikas und Herzkönig verteilt. Wer den Herzkönig zieht, wird Kommissar und zieht sich in einen kleinen, abgelegenen Raum zurück, z. B. ins WC. Die anderen Mitspieler stecken ihre Karten ein und verstecken sich. Killer ist derjenige, der das Pikas gezogen hat. Er killt, indem er eine Person zart berührt und ihr ins Ohr flüstert: „Sorry, aber du bist tot." Das Opfer muß dann sofort zu Boden sacken. Liegt es bereits auf dem Boden, so muß es in dieser Position verharren. Das Spiel geht weiter, bis der Killer alle „um die Ecke" gebracht hat oder ein Mitspieler, nachdem er ein Opfer entdeckte, sofort zum Kommissar eilt, um ihm die schaurige Nachricht zu überbringen. Der Kommissar versammelt dann alle Überlebenden, zu denen natürlich auch der noch unentdeckte Killer gehört, um sich zum Verhör. Außer dem Killer müssen alle Mitspieler die Wahrheit sagen. Der Kommissar darf nur einmal sagen, wen er nach seiner Befragung für den Killer hält. Behält er recht, ist er der Gewinner des Spiels, irrt er sich, geht das Spiel weiter, und der Killer setzt sein böses Treiben fort.

Spielintention: Spannung, Spaß, Kombinationsfähigkeit, Fragetechnik und Wortgewandtheit (des Kommissars).

Geisterhaus

Material/Hilfsmittel: siehe Spielbeschreibung.

Ob wir es Geisterhaus, Geisterbahn oder Gruselkabinett nennen, wichtig ist, daß es bei diesem Spiel, das sich auch als abendfüllendes Geisterfest gestalten läßt, schön gruselig zugeht.

Je nach Zusammensetzung der Teilnehmer und beabsichtigtem Zeitaufwand, werden mehrere Räume oder ein ganzes Gebäude zum „Geisterhaus".

Aus großem Packpapier, Tapetenrollen oder Makulaturpapier werden Gespenster, Vampire und andere Monstren gemalt und gewerkelt. Bemalte Luftballons in schrillen Farben werden mit Hilfe alter, ausgestopfter Klamotten (schwarz/weiß) an Fäden aufgehängt oder aufgestellt. Die Figuren kauern in einer Sitzecke, hocken auf einem Sessel oder hängen in einem Türrahmen.

Die Beleuchtung sämtlicher Räume ist entsprechend abgedunkelt. Entsprechende Geräusche, Lichteffekte und Verkleidungen der Teilnehmer steigern natürlich die Spannung. Spielimpulse können sein:

– In der Geisterkammer (Flur oder Vorraum) empfangen Bedienstete der Schloßbesitzer die Teilnehmer zum Gespensterschminken. Eventuell werden sie noch besonders verkleidet.
– Geisterführer, Expeditionsleiter bzw. Geisterhostessen führen die Teilnehmer einzeln oder in Kleingruppen durch das dunkle Schloß. Einzige Lichtquelle könnte eine Taschenlampe sein.
– Es gibt einen Festsaal der Vampire, in dem alle Teilnehmer zu schaurig-schöner Musik eine flotte Sohle auf's Parkett legen. Lieblingstanz der Vampire ist nach wie vor der Walzer „Wiener Blut".

- Ein Riesenspinnennetz (aus Bindfäden und Gummibändern), an dem Glöckchen hängen, muß Hand an Hand überwunden werden. Auf keinen Fall dürfen sie läuten. Es würde unweigerlich zu einer gefährlichen Berührung mit Vampiren (entsprechend geschminkten Mitspielern) kommen.
- In der Alchimistenküche des Geisterschlosses werden dubiose Getränke gebraut und von einem „draculösen" Barkeeper serviert. Wie wär's mit einem „Maden-Mix" oder schleimigen, grün schimmernden „Schlangen-Shake"? Mineralwasser und Lebensmittelfarbe gehören deshalb in jede gute Gruselbar. Natürlich gibt's auch einiges zu essen, z. B. grüne Götterspeise, unter Geisterlaien als Wackelpeter bekannt.
- Der Fantasie der Planer und Akteure des Geisterhauses sind keine Grenzen gesetzt. Zu einem bestimmten Zeitpunkt – es muß nicht 24 Uhr sein – erlischt jegliches Licht: Geisterstunde! Jetzt könnte z. B. der „Ball der Geister" beginnen, mit Musik, Tanz, Geisterspeisetafel und vielem mehr.

Spielintention: Verwirklichung origineller Ideen, Spaß, Spannung, lustvolles Miteinander.

Baby oder Kohlroulade?

Der Ursprung dieses pantomimischen Klassikers dürfte auf zahllose Wickelkurse an Mütterschulen zurückzuführen sein.

Etwa fünf bis sechs Spieler verlassen den Raum. In der Zwischenzeit einigen sich die anderen auf eine kurze pantomimische Handlung, z. B. das Wickeln eines Säuglings.

Einer der hinausgeschickten Spieler wird hereingeholt. Ein Mitspieler führt ihm die Handlung möglichst genau vor, mit dem Hinweis, daß er dem nächsten, der hereingerufen wird, die Szene vorspielen soll. Über den Handlungsvorgang wird nicht gesprochen. Der nächste Spieler wird hereingeholt, usw.

Die sich dabei verändernden Handlungsabläufe und Verwechslungen lösen stets allgemeine Heiterkeit aus, insbesondere, wenn der letzte Darsteller aus dem ursprünglichen Wickeln eines Säuglings ein Kohlroulardenwickeln macht.

Einige Anregungen:

- Fahrradschlauch flicken
- Staubsauger auseinanderbauen und wieder zusammensetzen
- Kühe an die Melkmaschine anschließen
- Reißverschluß einnähen
- Elefanten waschen
- aus Legosteinen ein Haus bauen
- das Geländer einer Wendeltreppe streichen.

Spielintention: Ideen entwickeln und in Handlungen umsetzen, Spaß am Darstellen und Raten, genaues Beobachten und Wiedergeben, Situationskomik.

Pfifferlinge mit Klößen

Dieses „tiefenpsychologische" Spiel macht es möglich, sämtliche Eigenheiten und Charakterzüge der Mitspieler zu erkennen und zu diskutieren, ohne erst den Rat beim Arzt, Apotheker oder in der Verpackungsbeilage zu suchen. Warum jemand gerne Pfifferlinge mit Klößen ißt, sich Erdnußbutter oder Leberwurst auf's Brot schmiert, wird erst durch dieses Spiel so richtig klar.

Um in die Geheimnisse des Spiels einzudringen, wird ein Mitspieler aus dem Raum geschickt. In seiner Abwesenheit überlegen sich die anderen, wer von ihnen erraten werden soll. Der hinausgeschickte Spieler wird wieder zur Gruppe gerufen und muß jetzt die Gruppe befragen, um die betreffende Person zu erraten. Er fragt z. B. welche Farbe, Blume, Interessen zu dem zu erratenden Spieler passen könnten, welches Leibgericht zu ihm passen würde oder auch welche Wurst er sich auf's Brot schmiert. Die Gruppe antwortet ihm, wobei sie das Augenmerk des Fragenden sicherlich besonders auf das Essen und die Wurstsortenauswahl des zu Erratenden lenken wird. Die „tiefenpsychologische" Kloß- und Wurstanalyse endet mit dem Erraten des Gruppenmitgliedes.

Spielintention: Originalität, Spaß, Spannung, Lust am Blödeln.

Klapperschlangenfang

Material: 2 Tücher, 2 mit Erbsen oder Steinchen gefüllte Joghurt-becher oder Dosen.

Das Spiel ist eine neuzeitliche Variante der „Blinden Kuh". Zwei Spieler übernehmen die Rollen von Klapperschlangen. Beiden werden die Augen verbunden, und jeder erhält eine Klapperdose. Jetzt wird den beiden gesagt, wer die Fängerschlange und wer die gejagte Schlange ist. Um sie etwas aus der Orientierung zu bringen, werden die Schlangen noch einige Male um sich herum gedreht. Dann bildet sich um die beiden Klapperschlangen ein Kreis von Spielern. Die Schlangenjagd beginnt. Die Fängerschlange beginnt zu klappern. Darauf muß die gejagte Schlange durch ein Klappern antworten und versuchen, sich dem Zugriff zu entziehen. Motto des Spiels: Es klappert die Klapperschlang', bis ihre Klapper schlapper klang.

Spielintention: Spielspaß, sich akustisch orientieren, Situations-komik.

Auch Rundschreiben sind eckig

Wem Nonsensgespräche und „höhere Blödeleien" besondere Freude bereiten, hat bei diesem Spiel genügend Möglichkeiten, verrückte Ideen zu produzieren und seine Schlagfertigkeit unter Beweis zu stellen.

Es können Rollen verteilt und Parteien gebildet werden. Es kommt aber auch vor, daß die Spieler sich ihre Rollen erst im Spiel suchen.

Hier einige spinnerte Themenvorschläge für lustige Nonsens-Runden:

– Auch Rundschreiben sind eckig.
– Was passiert, wenn das Fleisch willig, aber der Koch schwach ist?
– Schleswig-Holstein wird überdacht.
– Lieber Video als gar kein Deo.
– Wann kommt die Wiedervereinigung der Spalttablette?

- Brauchen wir Menschen mit Bildungshunger oder mit Wissensdurst?
- Wir fordern den Leibnitzkeks als Briefmarke.

Bestimmt fallen der Gruppe noch viele weitere „verrückte" Themen ein.

Spielintention: Redegewandtheit, Spaß am Wortspiel, Schlagfertigkeit, Humor, Situationskomik.

Sportminister

Material: siehe Spielbeschreibung.

Zwei Spieler treten gegeneinander an. Jeder bekommt ein dickes Buch unter den linken Arm geklemmt, ein volles Glas Wasser, einen geschlossenen Regenschirm, ein Heft und einen Kugelschreiber in die Hand gedrückt. Nun gilt es: Den Regenschirm aufspannen, laut aus dem Buch vorlesen, Wasser austrinken, einen Satz in das Heft schreiben, den Regenschirm zuspannen und ohne den Regenschirm loszulassen eine „Kerze" machen. Die Aufgabenstellungen lassen sich beliebig erweitern.

Zum Schluß – die korrekte Durchführung aller Aufgaben vorausgesetzt – wird der schnellere Spieler zum Sportminister ernannt. Er hat seine Qualifikation auch ohne Parteibuch nachgewiesen.

Spielintention: Körperliche Geschicklichkeit, Spaß, Situationskomik.

Brain-Test für akademische Führungskräfte

Material: 1 Fremdwörterlexikon, vorbereitete „Testbögen" und Schreibzeug.

Können Sie das folgende Sprichwort vervollständigen? „Ohne Fleiß kein Prei...!" Ist erst diese Hürde genommen, so dürfte auch der Brain-Test zur Erlangung höchster Positionen keine Schwierigkeiten bereiten. Vor Spielbeginn haben wir eifrig im Fremdwörterlexikon

geblättert und etwa 20–30 Wörter herausgesucht, die uns als Grundlage für einen Testbogen dienen. Sollte ein Teilnehmer alle Aufgaben richtig gelöst haben, so weist er nicht nur seine intellektuelle Kompetenz nach, sondern erhält auch noch eine kleine Prämie.
Einige Vorschläge: (Richtiges ist anzukreuzen!)

Sejunktion
○ Entfernung des Auges
○ Trennung
○ Verjüngungskur

Vignette
○ Zierbildchen
○ Trinkerin
○ Kräutersauce

Rondate
○ nasales Sekret
○ spanischer Maler
○ Drehüberschlag

Diabolo
○ päpstliche Behörde
○ Geschicklichkeitsspiel
○ Kunstrichtung

Domina
○ Plural von Dom
○ weihnachtliches Gebäck
○ Herrin

Kauri
○ Porzellanschnecke
○ Gebirgsschaf
○ mürrischer Mensch

Trident
○ Haftpulver für Zähne
○ Dreizack
○ griech. dreileibiger Meeresgott

Découpage
○ franz. Bezeichnung für Brechreiz
○ Drehbuch
○ unfachmännische Entfernung des Kehlkopfes

Ingredienz
○ Unpäßlichkeit
○ Hineinkommendes
○ hoher kirchlicher Würdenträger

Genausoviel Spaß wie der Test selbst, macht bereits dessen Vorbereitung, an der sich auch mehrere Mitspieler beteiligen können, die sich dann in zwei oder mehreren Gruppen gegenseitig testen können.

Spielintention: Spaß am Wortspiel, Fabulieren und Verändern.

Aufstand

Je zwei Spieler setzen sich für diesen harmlosen „Aufstand" Rücken
an Rücken auf den Fußboden. Die Arme sind eingehakt. Wenn kein
allzu starker Größenunterschied besteht, dürfte es nicht zu schwer
sein, gemeinsam aufzustehen. Jetzt kommt ein Spieler hinzu und das
Ganze wird zu dritt versucht. Immer mehr Spieler werden hinzuge-
holt – so viele wie möglich. Welcher Gruppe gelingt es, den Rekord
im „Massenaufstand" aufzustellen?

Spielintention: Kooperation, Koordination, Gruppenerlebnis, körperliche Geschicklichkeit.

Stimmungen

Die Spieler stehen sich in zwei Reihen, jedoch Rücken an Rücken,
gegenüber. Auf Anweisung der Spielleitung versuchen sie, durch ihr
Gesicht eine Stimmung auszudrücken (z. B. fröhlich, trotzig, wü-
tend, übermütig, traurig, genervt). Auf ein Zeichen drehen sich alle
Paare gleichzeitig herum und sehen so den Partner an.
    Wer kann jetzt noch (und wie lange) die Stimmung halten?

Spielintention: erleben mimischer Ausdrucksmöglichkeiten, Selbstbeherrschung, Spaß am Darstellen.

Vielharmonie I

Die falsche Schreibweise ist bezeichnend für das Orchester, um das
es in diesem Spiel geht. Alle Teilnehmer ahmen völlig stumm, also
nur durch Mimik und Bewegungen, verschiedene Musikinstrumente
nach. Ein zuvor ausgewählter Dirigent bestimmt das Stück, das gespielt werden soll und gibt den Takt an. Zuerst „spielt" das gesamte
Orchester, dann – auf ein Zeichen des Dirigenten – Solisten auf ihren
Instrumenten. Zum Schluß ertönen auf Veranlassung des Dirigenten
alle Instrumente laut zu einem rauschenden Akkord. Dabei versucht
jeder Musiker sein Instrument nach besten Kräften nachzuahmen.

Spielintention: Spaß an der Parodie, genaues Beobachten, Kooperation.

Philharmonie II

Ein besonderer Ohrenschmaus erwartet das Publikum in dieser Spielvariante, für die wir aus den Spielern mehrere Orchestergruppen zusammenstellen, die zu vorher festgelegter Diktion bestimmte Buchstaben sprechen, hauchen oder singen. Ein Dirigent leitet das Ganze und macht mit seinem Orchester zuvor nach Handzeichen für laut/leise und schnell/langsam ab.
Anregung:

Gruppe A singt a, o, u   (weit und klingend)
Gruppe B singt di, di, di (gehaucht)
Gruppe C singt z, z, x   (zischend)
Gruppe D singt iii, uuu   (lang gezogen, gedehnt).

Das Zusammenspiel der Gruppe ergibt eine moderne Komposition.

Spielintention: Spaß am Spiel mit der Stimme, Improvisation, Gemeinschaftserlebnis, genaues Beobachten, Kooperation, deutliches Artikulieren.

Philharmonie III

Bei diesem Spiel stand das Schleswig-Holsteinische Musikfestival Pate. Alle Spieler sitzen im Kreis. Ein Freiwilliger verläßt den Raum. Die Gruppe macht sich einen Dirigenten aus, der im weiteren Verlauf den „Ton" angibt, d.h. der jetzt pantomimisch ein Instrument vorspielt, das alle anderen nachspielen.
Nun ist zu erraten, wer der Dirigent ist. Damit wir es dem Ratenden nicht zu einfach machen, sollten nicht alle den Dirigenten anschauen, sondern einfach geradeaus blicken. So funktioniert es auch recht gut.

Spielintention: Beobachtung, Bewegungskoordination, Spaß an der Pantomime.

Ritt auf der Kugel

Material: je Teilnehmer ein großer Luftballon.

Was einst für Baron Münchhausen der Ritt auf der Kanonenkugel war, wird in unserem kleinen Spiel durch einen prall aufgeblasenen Luftballon dargestellt. Jeder Spieler erhält einen Ballon, den er sich zwischen die Beine klemmt. Und nun geht eine rasante Rallye los, die über kleine Hindernisse (z. B. Kisten, Stühle, unter Tischen hindurch) zu einer markierten Ziellinie führt. Das Spiel ist eine wahre Augenweide und amüsiert nicht nur Sportfans. Wer kommt heil mit seiner „Kanonenkugel" ins Ziel?

Spielintention: Spaß haben, motorisches Geschick beweisen.

Kugeltanz

Material: Luftballons, flotte Musik.

Eine Abart des texanischen Rodeoreitens wird durch diesen ungemein lebendigen „Kugeltanz" verkörpert, für den sich die Spieler ebenfalls einen Luftballon zwischen die Beine – besser gesagt zwischen die Oberschenkel – klemmen. In Paaren wird jetzt zu einer flotten Tanzmusik eine „heiße Sohle" auf's Parkett gelegt. Die besten und grazilsten Tänzer erhalten eine kleine Prämie.

Spielintention: Gaudi für Zuschauer und Akteure, Körperbeherrschung.

Auf den Schoß

Nach den zuletzt beschriebenen bewegungsintensiven Spielaktivitäten haben wir etwas Ruhe verdient und wollen deshalb eine wunderschöne Sitzkette von Lebewesen schaffen. Zuerst bilden wir einen Kreis und geben uns die Hände. Nun wird zusammengerückt, so daß die Spieler Schulter an Schulter stehen. Dann dreht sich jeder nach rechts und schaut auf den Rücken des Vordermannes. Alle Spieler setzen sich nun sanft auf die Knie des Mitspielers hinter sich. In dieser

Position kann man sich mit seinem Vordermann unterhalten, gemeinsam ein Lied singen, „Stille Post" spielen oder vielleicht gelingt es der Spielgruppe sogar, sich als Tausendfüßler langsam forzubewegen. Das Spielende überlassen wir dem Zufall.

Spielintention: lustiges Gruppenerlebnis, Kontakt zu den Mitspielern.

Aschenputtel

Material: siehe Spielbeschreibung.

Da hat doch die böse Stiefmutter wieder einmal die schlimmen Finger im Spiel gehabt. In der Mitte des Tisches befindet sich ein kleiner Haufen gemischter Erbsen, Bohnen und Linsen. Jeder Mitspieler erhält ein Zündholz, mit dem er auf ein Zeichen eine bestimmte Anzahl von Erbsen, Bohnen, Linsen zu sich holt. Sieger ist, wer seine Häufchen zuerst gesammelt hat. Vielleicht erwartet ihn sogar ein Kuß von Aschenputtel, die zuvor unter den Spielern ausgelost wurde.

Spielintention: manuelle Geschicklichkeit, Spaß.

Hochzeitsnacht und Jet-Pilot

Für diese Blödelspielform brauchen wir freiwillige Spieler, von denen wir wissen, daß sie sich auch selbst einmal „auf den Arm" nehmen.

Spiel 1: Hochzeitsnacht
Ein Spieler verläßt den Raum. Den anderen teilt die Spielleitung mit: „Wenn Karl-Heinz (Name des jeweiligen Mitspielers) wieder hereinkommt, ist alles, was er sagt, das, was er in seiner Hochzeitsnacht sagt."
   Karl-Heinz wird hereingeholt, ohne daß ihm etwas verraten wird. Er muß sich auf ein Bein stellen, und die Gruppe amüsiert sich, daß er immer noch nicht weiß, was los ist. Schon bald wird er irgendetwas

von sich geben. Einzelne Mitspieler können ihm antworten und Fragen stellen, wie z. B. „Macht es Spaß?" – „Amüsierst du dich gut?" – „Kannst du noch?" – „Wie fühlst du dich?" usw. Da alles, was Karl-Heinz äußert, auf die Hochzeitsnacht bezogen wird, herrscht ausgelassene Heiterkeit in der Spielgruppe.

Spiel 2: Jet-Pilot
Noch so ein „böses" Blödelspiel. Ein freiwilliger Teilnehmer wird nach draußen gebeten. Dort sagt ihm die Spielleitung, daß er in einer Minute wieder hereingeholt werde und dann auf einem Stuhl für etwa 2–3 Minuten in die Rolle eines Flugkapitäns schlüpfen und die Cockpit-Instrumente bedienen soll. Dem Publikum wird jedoch gesagt, daß alle gezeigten Aktivitäten des Hereingerufenen auf dem Toilettensitz stattfinden. Der „vermeintliche Pilot" wird hereingerufen, nimmt auf dem Stuhl Platz und „startet durch", das Publikum rast...

Spielintention: alberne Augenblicke genießen, Spaß haben.

Schneewittchen und Co

Material: 5 vorbereitete Briefumschläge.

Dieses „märchenhafte" Spiel ist fast schon ein kleines Theaterstück für eine Person und bedarf der vorherigen Probe durch den Akteur. Vom Publikum läßt er sich einen von 5 Umschlägen ziehen und den Inhalt vorlesen, z. B. „Schneewittchen". Das Publikum weiß nicht, daß sich in allen Briefumschlägen das gleiche, vorbereitete Spiel befindet.

Jetzt spielt unser Darsteller „Schneewittchen", wobei er alle Rollen verkörpert. Hierzu gehört das schnelle Wechseln der Stimme, ebenso der Stellungs- und Ortswechsel, um z. B. die böse Königin, Schneewittchen, den Jäger und die 7 Zwerge zu spielen. Alles muß im Höchsttempo über die Bühne gehen. Das Publikum wird sich vor Lachen kaum halten können.

Als Themen eignen sich nahezu alle Märchen und klassischen Bühnenstücke.

Spielintention: Spaß an der Darstellung, sprachliche und körperliche Gewandtheit, spontanes Theater, Situationskomik.

Das Defizit-Spiel

Material: 1 Schachtel mit Perlen oder Streichhölzern.

Ein schönes Spiel für alle, die sich ständig benachteiligt fühlen. Jeder Spieler erhält fünf Perlen. Einer beginnt, indem er ein Defizit seines Lebens mitteilt, z. B.: „Ich war noch nie auf Mallorca." Alle Spieler, die bereits einmal auf Mallorca waren, müssen dem Unglücklichen eine Perle abgeben. Das geht so weiter, bis einer alle Perlen gesammelt hat und somit der Gewinner „dank seiner vielen Defizite" ist. Das Defizit-Spiel kann auf drei Ebenen stattfinden. Die erste besteht im Herumblödeln: „Ich bin noch nie Schlittschuh gelaufen." Die zweite Ebene ist schon etwas fortgeschrittener: „Ich habe noch nie in einem Kloster übernachtet." Die dritte Ebene wendet sich an erwachsene Spieler und erfordert besondere Frechheit: „Ich habe noch nie mit der Frau unseres besten Bekannten geflirtet." Auf dieser 3. Spielebene wird dann wohl auch am meisten geschwindelt.

Spielintention: originelle Einfälle haben und äußern, Spaß haben an „höherer" Blödelei.

Bundeskanzler

Material: 1 Beutel Bonbons.

Naschkatzen beteiligen sich an diesem Spiel besonders gern. Die Teilnehmer sitzen um einen Tisch herum, auf dessen Mitte ein Häufchen Bonbons liegt, um eines weniger, als Spieler vorhanden sind. Die Spielleitung erzählt eine Geschichte, in der oft das Wort „Bundeskanzler" vorkommt. Beim Wort „Bundeskanzler" müssen alle Hände, die sich während des Erzählens unter der Tischplatte befinden, sofort nach den Bonbons greifen, ein Spieler immer nach einem Bonbon. Wer zu langsam war bzw. nicht aufgepaßt hat, muß weitererzählen. Während des Erzählens heißt es gut aufzupassen, denn da wird zwar von „Bundespresseamt", „Bundeskanzleramt", „Bundesadler", „Bundesverkehrsminister", „Bundesbahn" und ähnlichem gesprochen, wer jedoch zugreift, ohne daß vom „Bundeskanzler" gesprochen wurde, gibt ein Pfand ab. Also: Ein Geben und Nehmen. Wie im richtigen Leben.

Spielintention: Erzählfreude, Improvisation, Redegewandtheit, Reaktion.

Vertrottelungsspiel

Einige Spieler verlassen den Raum. Sobald sie wieder hereingeholt werden, sollen sie ein Tier darstellen – und zwar durch Bewegungen und entsprechende Tierlaute.

Wenn sie vor der Tür sind, verrät die Spielleitung den anderen den Trick: Die Mitspieler können alle möglichen Tiernamen nennen, nur den Namen des Tieres nicht, das der Hereingeholte darstellen will. Stellt er z. B. ein Känguruh dar, dann dürfen die Mitspieler alles mögliche „raten", eben nur nicht das Wort „Känguruh".

Der Lacheffekt wird um so größer, je mehr der Darsteller sich bemüht, sein Tier noch deutlicher zu imitieren.

Spielintention: Spaß am Blödeln, Darstellungsfähigkeit.

Dicke Lippe riskieren

Für diese schöne Blödelei drücken wir die Zungenspitze vor die unteren Schneidezähne gegen die Unterlippe, so daß der Kiefer sich auswölbt. Nun ist zu einem beliebigen Thema ein möglichst lebhaftes Gespräch zu führen. Ausschließliches Ziel ist, alle Mitspieler und Zuhörer zum Lachen zu bringen, was in der Regel recht schnell gelingt.

Spielintention: Jux, Spaß haben, lachen.

140

Gemälde

Material: 1 leerer Bilderrahmen.

Das Lächeln der Mona Lisa ist bei diesem Spiel nicht unbedingt erwünscht, denn es geht um's „ernst bleiben". Reihum hält sich jeder Spieler einen leeren Bilderrahmen vor's Gesicht. So sehr die anderen auch versuchen, durch Blödeleien und Zurufe das Porträt zum Lachen zu bringen, muß es doch gelingen, eine Minute ohne Grinsen oder Lachen zu überstehen.

Spielintention: Selbstbeherrschung, Spaß am Blödeln.

Menü von Hand zu Hand

Material: Tuch, Schüssel mit originellen Utensilien (siehe Spielbeschreibung).

Aus der Reihe der „Gourmet"-Spiele stammt dieses lustige Tastkim, für das sich die Teilnehmer um einen (größeren) Tisch setzen. Die Spielleitung tritt als Drei-Sterne-Koch auf, der unter einer verdeckten Schüssel das „Menü" serviert, von dem er jetzt ein Stück nach dem anderen unter dem Tisch von Hand zu Hand weiterreichen läßt. Niemand darf in dieser feinen Tafelrunde etwas davon fallen lassen oder womöglich quieken und schreien. Das Menü besteht nämlich aus recht kuriosen Gängen, wie z. B. einer Klette oder Distelfrucht, einem nassen Schwamm, einem mit Wasser oder Sand gefüllten Plastikhandschuh, einem weichen Lehmklumpen, kleinen Eisstücken, einer heißen Kartoffel, Holzwolle, Watte und anderem mehr. Das Vergnügen an diesem Erlebnis-Menü hängt wesentlich von der gekonnten Zusammenstellung der Zutaten durch den Koch ab.

Spielintention: tasten, fühlen, Sensibilisierung, Gemeinschaftserlebnis.

Der EDSB-Test

Material: Papier und Schreibzeug.

Wer immer schon wissen wollte, wieviel Gefühl, Verstand und Körperkraft in ihm stecken, kommt beim EDSB-Test, dem „Erkenne-dich-selbst-Blödel-Test" voll auf seine Kosten.

Jeder Mitspieler erhält Papier und Schreibzeug. Aus drei Formen – Kreis, Dreieck und Quadrat – soll eine menschliche Figur gezeichnet werden. Elf Formen sind insgesamt zu verwenden. Jedem Teilnehmer ist es selbst überlassen, welche Formen er hierfür verwendet.

Die Bedeutung der Symbole gibt die Spielleitung erst bekannt, wenn alle Zeichnungen fertig sind.

Die Bedeutung der Symbole lautet:

Kreis = Gefühl
Dreieck = Verstand
Quadrat = Körperkraft.

Wer jetzt z. B. eine Figur aus 6 Quadraten, 4 Dreiecken und einem Kreis zusammengesetzt hat, ist demnach sehr kräftig, besitzt eine gute Portion Verstand, aber so gut wie kein Gefühl.

Bei diesem alles andere als ernstzunehmenden „Psychotest" können auch beliebige Adjektive eingesetzt werden, wie z. B. ehrlich, verschlagen, vornehm, gewöhnlich, aggressiv, geduldig, nervös, einfühlsam, aufrichtig, triebhaft, gehemmt usw.

Spielintention: Auflockerung, Überraschungseffekt, Spaß am Ergebnis.

Mein Koffer für Berlin

Irgendwann werden unsere Damen und Herren Politiker doch noch ihre Koffer packen, um sich künftig von Berlin aus um das Wohl des Bürgers zu kümmern. Damit nichts in Bonn vergessen wird, üben wir schon ein bißchen.

Alle Spieler sitzen im Kreis. Spieler 1 beginnt: „Ich packe meinen Koffer für Berlin und lege ... (z. B. meine Spesenabrechnungen) hinein." Spieler 2 setzt fort: „Ich packe meinen Koffer für Berlin und lege meine Spesenabrechnungen und (z. B. meine Wahlversprechungen von 1994) hinein. Spieler 3 wiederholt die zwei genannten Dinge und fügt eine neue Sache hinzu. Dieses geht so weiter bis die Runde beendet ist. Wer Konzentrationsschwierigkeiten hat und einen Gegenstand vergißt, muß zurück nach Bonn, d. h. er scheidet aus.

Variation: Weil nicht Berlin Austragungsort für die Olympiade im Jahre 2000 geworden ist, sondern Sidney, können die Spieler natürlich auch einen Koffer für Sidney packen...

Spielintention: Konzentration, originelle Ideen äußern.

Bleistift-Zweikampf

Material: 2 stumpfe Bleistifte, 1 mittelgroßer Metallring.

Dieses schöne Spiel aus der Gruppe beliebter „Bürospiele" wird von 2 Personen – eventuell noch mit Hilfe eines Schiedsrichters – ausgetragen. Die jeder mit einem stumpfen Bleistift bewaffneten Spieler treten als Turnierkämpfer an. In der (Schreib)Tischmitte liegt ein mittelgroßer Metallring. Der Schiedsrichter gibt das Startzeichen, und jeder der beiden Spieler bemüht sich, mit Hilfe seiner Bleistiftlanze den Ring zu sich zu ziehen. Einmal im fremden Gebiet, gibt es kein Zurück.

Spielintention: manuelle Geschicklichkeit, Reaktion.

Wieviel Knoten fährt dein Schiff?

Material: mehrere 6 m lange Schnüre.

Um „Seemannsgarn" bzw. Paketschnur geht es bei diesem wahrhaft maritimen Spiel, das je zwei Personen oder kleine Gruppen um die Wette durchführen können. Jeder behauptet von sich, das schnellste Schiff zu besitzen. Die Teilnehmer erhalten eine 6 Meter lange Schnur, an der innerhalb von 2 Minuten möglichst viele Knoten anzubringen sind. Wer ist der beste „Knoter" und somit Besitzer des schnellsten Schiffes?

Spielintention: Spaß, manuelle Geschicklichkeit, Tempo.

Folterball

Material: 1 großer Ball.

Etwas für durchtrainierte, wirklich sportliche Spieler. Nachdem zwei gleichstarke Gruppen von je 3 Aktiven gewählt wurden, verbinden wir die Arme der Spieler mit deren Unterschenkeln. In der so entstandenen Bückhaltung wird dann der Ball nach altbekanntem Muster im Kampf gegen die andere Mannschaft in Richtung irgendeines Zieles bewegt. Es gilt also wilde Mannschaften zu wählen, Ziele zu suchen, die Sportler zusammenzuschnüren und draufloszuspielen.

Spielintention: körperliche Beweglichkeit, Kraft, Ausdauer, Gaudi.

Bankbesucher

Material: 4 Stühle oder 1 Bank.

Um es gleich zu sagen: Mit Zinsen hat dieses Spiel nichts zu tun, da es sich um eine Parkbank dreht. Sofern gerade keine zur Verfügung steht, stellen wir ersatzweise 4 Stühle nebeneinander auf. Nacheinander kommen jetzt bestimmte Figuren zur Bank und nehmen dort für kurze Zeit Platz. Immer wenn ein dritter Mitspieler dazukommt, muß sich der erste entfernen. Es sollen also stets nur 2 Personen an bzw. auf der Parkbank spielen. Jeder Spieler sucht sich seine Figur selbst aus (z. B. Jogger, Nonne, alte Dame mit Hund, Botaniker, gesuchter Gangster, bekannter Politiker, Prostituierte...).

Spielintention: spontanes Spiel, Spaß am Darstellen, Situationskomik.

Klamotten-Kim

Alle Mitspieler sitzen in einem abgedunkelten Raum. Wenn die Spielleitung das Licht für eine Minute ausschaltet, verändern alle etwas an ihrer Kleidung. Wie und was verändert wird, ob eine Socke ausgezogen, der Schal um das Fußgelenk gebunden oder die Bluse verkehrt herum angezogen wird, bleibt jedem selbst überlassen.

Bei wem entdecken wir die meisten bzw. verrücktesten Veränderungen?

Spielintention: spontane Einfälle umsetzen, Originalität, Beobachtungs- und Wahrnehmungsfähigkeit üben.

U-Boot

Material: 1 Glas Wasser.

Ein freches Blödelspiel, das in Karl-Lothar Buchheims Buch „Das Boot" seinen realen Hintergrund findet.

Die Spielleitung fragt, wer einmal den Kapitän (möglichst keine Spielerin mit frischer Dauerwelle aussuchen) und wer den Steuermann eines U-Bootes spielen möchte. Ein Dritter holt, ohne daß die beiden anderen davon erfahren, ein Glas Wasser.

Der Kapitän erteilt dem Steuermann Befehle und sagt z. B.: „Anker lichten! Volle Fahrt voraus!" – Der Steuermann berichtet, was er vor sich auf dem Meer beobachtet. Er sagt z. B. „Feindliches Schiff direkt vor uns!" Irgendwann wird der Kapitän den Befehl geben: „Sofort tauchen!" In diesem Augenblick gießt ihm von hinten ein Mitspieler das Wasser über den Kopf. Dem „nassen Kapitän", über den die ganze Runde lacht, wird erklärt, daß er vergessen hatte, zuerst den Befehl „Schließt die Luken!" zu geben.

Spielintention: Gaudi.

Kekspfeifstaffel

Material: Kekse

Keksesser kommen hier auf ihre Kosten. Zwei gleichgroße Mannschaften werden gebildet. Jeder Spieler einer Mannschaft erhält einen trockenen Keks. Auf „Achtung-Fertig-Los!" steckt nun der erste Spieler den Keks in den Mund, ißt und versucht dabei zu pfeifen. Nach dem Pfiff des Vordermannes oder der Vorderfrau steckt der nächste seinen Keks in den Mund usw. Die schnellsten „Kekspfeifer" dürfen sich zur Belohnung eine ganze Packung teilen.
Wie heißt doch gleich die Moral dieses Spiels? – „Leibniz geht mir auf den Keks."

Spielintention: schöne Blödelei, Gemeinschaftserlebnis.

17 Jahr, blondes Haaar

Material: (eventuell) Musikaufnahmen (deutsche Schlager).

Um an diesem Spiel teilnehmen zu können, sollte man sich entweder an bekannte Schlagertexte erinnern oder selbst welche erfinden, ohne dabei ertappt zu werden.
Wir bilden zwei Gruppen, setzen sie einander gegenüber, Knie an Knie. Der erste Spieler der einen Gruppe beginnt den Anfang eines allgemein bekannten Schlagers zu singen, z. B.: „Mit 17 hat man noch Träume..." Hier stoppt er abrupt und der ihm gegenübersitzende Spieler muß das Lied weitersingen, ohne aus dem Takt zu geraten: „... da wachsen noch alle Bäume..." Hier hört er auf. Der ihm gegenübersitzende Spieler singt: „... in den Himmel der Liebe." Der nächste hat nun überhaupt keine Ahnung, erinnert sich jedoch zum Glück an einen ähnlichen Song und setzt fort: „17 Jahr, blondes Haar, so stand sie vor mir..." Aber auch eigene Zeilen können auf die Melodie getextet werden, so daß die Chance, sich durchzumogeln ohne weiteres gegeben ist. Zudem wird die eigene Mannschaft die unzulänglichen Schlagerkenntnisse ihrer Mitglieder nicht verraten.

Spielintention: fabulieren, parodieren, Singhemmungen überwinden, Spaß.

17 Jahr, Glitzerhaar...

Nichts ist unmöglich...

Alles durcheinander

Wer dieses Gespräch übersteht, ohne schizophrene Anwandlungen zu bekommen, ist legitimiert, künftig an allen Talk-Shows deutscher Fernsehsender teilzunehmen.
  Zwei Spieler sitzen sich auf Stühlen gegenüber. Ein weiterer Spieler steht jeweils hinter einem Stuhl. Der Spieler hinter dem Stuhl stellt jeweils Fragen an den ihm Gegenübersitzenden. Der Sitzende macht skurrile und verdrehte Bewegungen. Der Gegenübersitzende muß nun gleichzeitig die Fragen sinnvoll und seriös beantworten, während er gleichzeitig die Bewegungen nachahmt.

Spielintention: genaues Zuhören und Beobachten, Koordination, Konzentration, Spaß am „gehobenen" Blödeln.

Macke

Die meisten Menschen – selbstverständlich außer uns – haben eine Macke. Diese herauszufinden, ist vornehmlich Aufgabe unseres Spiels. Ein Mitspieler verläßt den Raum. Die anderen überlegen sich irgendeine Macke. Der Hinausgeschickte soll nachher den Spielern der Reihe nach Fragen stellen. Die Gruppe vereinbart z. B. als Macke, daß immer ein Spieler für den Nachbarn antwortet. Der erste Gefragte müßte demnach vielleicht nur mit einem Schulterzucken antworten. Der Hinausgeschickte wird hereingerufen und soll nun durch Befragung die Macke seiner Mitspieler ermitteln.
  Die Spieler können sich auch auf „sichtbare" Macken einigen, indem sie z. B. beim Sprechen mit den Augen blinzeln, mit dem Mundwinkel zucken, sich traurig/depressiv, euphorisch oder nervös geben. Mancher Rater braucht mehrere Runden, um die richtige „Diagnose" zu stellen.

Spielintention: Spaß am Parodieren, genaue Wahrnehmung und Beobachtung, Freude am Ratespiel.

Teebeutelweitwurf

Material: pro Teilnehmer ein benutzter Teebeutel.

Für diese ostfriesische „Olympia-Spezialität" erhält jeder Teilnehmer einen benutzten Teebeutel. Die Werfer fassen die Teebeutelschnur mit den Zähnen und schleudern den Teebeutel mit einer Bewegung des Kopfes und des Körpers so weit wie möglich fort. Als Belohnung erwartet alle Athleten eine gute Tasse Tee aus den zuvor aufgebrühten Teebeuteln.

Spielintention: motorisches Geschick, schöne Blödelei.

Das letzte Haushaltsgeld

Material: 1–3 Geldstücke.

Alle Spieler haben sich um einen (möglichst größeren) Tisch gesetzt. Je nach Teilnehmerzahl werden ein oder mehrere Münzen unter dem Tisch von Hand zu Hand weitergereicht. Ein Mitspieler befindet sich außerhalb der Spielrunde und soll herausfinden, wo sich ein Geldstück befindet. Dafür stehen mehrere Kommandos zur Verfügung. Bei „alle Hände auf den Tisch" müssen alle sofort ihre Hände auf den Tisch klatschen. Beim Kommando „Osterhase" sind beide Hände an den Kopf zu legen, beim Kommando „Turm" müssen die zu Fäusten geballten Hände blitzschnell übereinander in die Tischmitte gelegt werden, beim Kommando „Nase" zeigen sich alle gegenseitig eine lange Nase. Irgendwann muß dann schließlich einem aus der Spielrunde das „letzte Haushaltsgeld" aus der Hand fallen. Dieser „Schussel" schlüpft dann in die Rolle des Beobachters.

Spielintention: Geschicklichkeit, Reaktion, genaues Beobachten, Ratespaß.

Lösche aus mein Licht...

Material: Kerzen, Streichhölzer, Wasser, Einwegspritze, Plastikfolie.

... „aber nur meine liebe Laterne nicht". So beginnt ein altbekanntes Kinderlied, dessen Hochkonjunktur die Herbstzeit ist. Unser gleichnahmiges Spiel läßt sich jedoch zu jeder Jahreszeit, insbesondere auch an Weihnachten spielen. Es geht ganz einfach: Wem gelingt es, aus einer bestimmten Entfernung eine Kerze mit einer Wasserspritzenfüllung auszulöschen bzw. wer hat nach dem Löschen noch das meiste Wasser in der Spritze. Um den Boden zu schonen, empfiehlt es sich, eine Folie auf den Boden zu legen. Die besten „Löscher" werden für die Ehrenmitgliedschaft bei der örtlichen Freiwilligen Feuerwehr vorgeschlagen.

Spielintention: Gaudi, Feinmotorik, Treffsicherheit.

Drei Bürospiele

Material: siehe Spielbeschreibungen.

Zur Gruppe der „Bürospiele" gehören alle Spielformen, die mit dem am Arbeitsplatz vorhandenen Material gespielt werden können. Dies kann allein oder mit mehreren zusammen geschehen. Zudem kommt es zum unmittelbaren Verschmelzen von Arbeit und Spiel, wenn das Material nach dem Spiel wieder seiner eigentlichen Verwendung zugeführt wird.

Also, frei nach dem Motto „Kann denn spielen Sünde sein?" hier drei „Bürospiele":

Um's blaue Band
Entsprechend der Spielerzahl falten wir Schiffchen aus Papier. An jedes Schiff wird eine Paketschnur von 2 Metern Länge gebunden. Die Schiffe beladen wir mit Büroklammern, einem kleinen Radiergummi u. ä. Das Ende der Schnur wird mit einem Knoten am Bleistift befestigt.

Die Schiffe werden auf dem Fußboden oder am (Schreib)Tisch-ende aufgestellt. Auf ein Kommando gilt dann für jeden Spieler, so schnell wie möglich die Schnur auf seinen Bleistift zu wickeln. Schließlich geht es um das „Blaue Band".

Büroklammer-Golf
Eine Büroklammer hat man stets zur Hand. Wir biegen sie zu einem kleinen Golfschläger, formen kleine Papierkügelchen zu Golfbäll-chen und bauen aus Kugelschreibern, Radiergummis, Klebeabrol-lern, Disketten und anderem greifbaren Material kleine Hindernisse und Bahnen. Als Solospiel ebenso schön wie als Wettspiel zu zweit.

Filzer-Surfen
Man legt auf dem (Schreib)Tisch eine Windsurf-Rennstrecke von etwa zwei Metern fest und gibt jedem der (2–4) Mitspieler einen Filzstift. Nach dem Startsignal versuchen alle, ihren Filzer möglichst schnell von der gekennzeichneten Startlinie zur Ziellinie zu pusten. Der Filzstift darf nicht angefaßt, sondern nur durch Pusten vorwärts-bewegt werden.

Spielintention: Spaß, Entspannung, Kommunikationsbrücke.

Schneckenradrennen

Material: 2 Fahrräder, Stoppuhr, Kreide bzw. Klebeband.

Die Spielgruppe wird für dieses „raaasaaante" Rennen in Wettpaare aufgeteilt. Jeder Teilnehmer sitzt auf einem Rad und muß eine 10–12 Meter lange Strecke zurücklegen. Einzelsieger ist am Ende, wer am meisten Zeit für die Strecke benötigt hat, ohne vom Rad abzu-steigen.

Spielintention: Körperbeherrschung, Gleichgewichtssinn, Spaß.

Denken, Dichten, Reimen, Parodieren und Erfinden: Spiele mit Schreibzeug und Papier

Die frechen Spiele der folgenden Seite sind von hohem Erlebniswert. Sie regen durch ihre Aufgabenstellung zum selbstschöpferischen Tun und zum intensiven Experimentieren mit sprachlichen und bildnerischen Ausdrucksmöglichkeiten an (z. B. beim Reimen, Parodieren, Fabulieren, Verfremden und Zeichnen). Durch das Gruppenerlebnis beim gemeinsamen Gestalten steigern sich Lust und Freude am Geschaffenen. Die Spiele regen Wahrnehmungen und Empfindungen, Gedanken und Gefühle an und ermöglichen den Teilnehmern so eine sinnliche, nachdenkliche, aber auch satirische Auseinandersetzung mit der Umwelt.

Wer Spaß am Wortspiel, am Fabulieren, schriftlichen und bildlichen Verfremden hat, wer Überraschungseffekte und Situationskomik liebt und gerne Ideen spontan umsetzt, wird an diesen frechen Spielangeboten besonderen Gefallen finden.

Für die Teilnahme werden weder besondere literarische Qualitäten, noch künstlerische Fertigkeiten abverlangt. Sind sie jedoch – in welcher Ausprägung auch immer – vorhanden, um so besser.

Daß auch große Schriftsteller hin und wieder mit einem Vakuum zu kämpfen haben, hat *Kurt Tucholsky* sehr schön belegt. Der Text mag den Spielern als Ermutigung dienen, die sich gleich zu Beginn unter einen zu hohen Erfolgszwang setzen und dadurch womöglich um einen besonderen Genuß bringen:

„Ich will den Gänsekiel in die schwarze Flut tauchen. Ich will einen Roman schreiben. Schöne wahre Menschen sollen auf den Höhen des Lebens wandeln, auf ihrem offenen Antlitz soll sich die Freiheit widerspiegeln ... Nein. Ich will ein lyrisches Gedicht schreiben. Meine Seele werde ich auf sammetgrünem Flanell betten, und meine Sorgen werden kreischend von dannen ziehen ... Nein. Ich will eine Ballade schreiben. Der Held soll auf

blumiger Au mit den Riesen kämpfen, und wenn die Strahlen des Mondes auf seine schöne Prinzessin fallen, dann...
Ich will den Gänsekiel in die schwarze Flut tauchen. Ich werde meinem Onkel schreiben, daß ich Geld brauche."

(Aus: K. Tucholsky: Vorsätze [S. 18, 20–26] Reinbek 1960)

Beginnen wir sogleich mit einem „literarischen" Spiel, dessen unfreiwillige „Erfinder" zwei im deutschen Parteienspektrum zu findende Politiker sind...

Spielangebote

Petitesse und Kakophonie

Material: Papier, Schreibzeug, Duden bzw. Fremdwörterbuch.

Spätestens seit ein ehemals populärer deutscher Politiker seine Lügen mit dem Wort „Petitesse" herunterzuspielen versuchte und ein anderer ebenso bekannter Politiker mit dem Wort „Kakophonie" nicht etwa eine Durchfallerkrankung meinte, sondern „Mißklänge" in der Politik beschrieb, verspüren wir immer mehr den Reiz am Ratespiel mit Fremdwörtern.

Ein Mitspieler sucht aus dem Fremdwörterlexikon ein möglichst exotisch und absonderlich wirkendes Fremdwort heraus und gibt dieses der Spielrunde bekannt. Die übrigen Teilnehmer schreiben auf ihre Blätter, welche Bedeutung der Begriff ihrer Meinung nach hat. Die Ergebnisse sind in der Regel recht amüsant.

Wer kann sich schon etwas vorstellen unter Wörtern wie: Adynamandrie, Auskultator, Coleopter, Dekrement, Frittate, Guttural, Homograph, Litigant, Presbyakusis, Rokambole, Tautazismus, Xenokratie, Zynegetik...

Besonderen Spaß bringt es auch, Pseudoübersetzungen und Verballhornungen der Fremdwörter vorzunehmen. Der eine übersetzt „Pissoir" z.B. mit „Guten Abend", während ein anderer Spieler unter „Präservativ" einen „Vorzeigepolitiker" versteht.

Spielintention: Spaß am Wortspiel, Kreativität, Fantasie, Ideen entwickeln, Spannung beim Entschlüsseln der gesuchten Ratewörter, Wortschatzerweiterung.

Love-Letters

Material: Papier und Schreibzeug.

Auf ungewöhnliche Art und Weise kann man bei diesem Spiel seinem Traummann oder seiner Traumfrau eine Botschaft zukommen lassen. Jeder Teilnehmer hat vor sich Papier und Schreiber liegen. Das Licht wird ausgeschaltet, und im Dunkeln schreibt jeder einen möglichst romantischen Liebesbrief. Wer kann ihn, wenn das Licht wieder an ist, entziffern?

Spielintention: Spaß am Fabulieren, Überraschungseffekt.

Stichwort-Poeten

Material: Papier und Schreibzeug, 1 Zeitung.

Jeder Spieler schreibt auf sein Blatt ein beliebiges Hauptwort und liest es vor. Alle anderen schreiben die Wörter der übrigen Mitspieler zu ihrem Wort dazu. Ist das geschehen, darf „gedichtet" werden, d. h. jeder soll in möglichst kurzen, einfachen Sätzen eine möglichst lustige Geschichte niederschreiben. Besonders geschickten „Poeten" wird es sogar gelingen, daraus ein Gedicht zu reimen. Verbindende und ausschmückende Wörter – jedoch keine Hauptwörter – können beliebig dazugenommen werden.

Variation: Ein Spieler schließt die Augen und spießt mit einem Bleistift in einer bereitgelegten Zeitung acht bis zehn Wörter auf. Alle Anwesenden schreiben sich diese Wörter auf und erfinden in etwa fünf Minuten eine Geschichte, in der diese Wörter vorkommen. Die Ergebnisse werden zur Erbauung aller vorgelesen.

Spielintention: Spaß am Fabulieren, Überraschungseffekt, Fantasie entwickeln.

Knickfiguren

Material: Zeichenpapier, Filzstifte.

Wer Spaß an bildlicher Verfremdung hat, dem wird dieses Spiel besonders gefallen.

Jeder Teilnehmer bekommt ein Zeichenpapier, das er mit einer beliebigen Figur (Polizist, Schornsteinfeger, Clown, Koch u. ä.) bemalen soll.

Das Bemalen läuft in 5 Teilschritten ab:

1. Alle malen eine Kopfbedeckung
2. Gesicht mit Hals
3. Brust bis zur Gürtellinie
4. Bauch bis zum Knie
5. Beine mit Füßen

Nach jedem Malschritt knicken wir das Blatt nach hinten und geben es an den Nachbarn weiter. Am Ende sind alle überrascht, welch urige Figuren entstanden sind.

Spielintention: Überraschungseffekt, Spaß am bildlichen Verfremden.

Lebenshilfe via Zeitschrift

Material: kleine Zettel (möglichst in 2 Farben), Schreibzeug.

In fast jeder Zeitschrift findet sich eine Rubrik für Ratsuchende. Die Leser erhalten dann auf ihre Anfragen eine mehr oder minder befriedigende Antwort.

An diesem Spiel um originelle Fragen und Antworten haben alle ihre wahre Freude.

In der ersten Spielphase suchen alle Rat (mehrere Fragen sind erlaubt) z. B. „Was kann ich gegen meine furchtbare Eifersucht machen?", „Ich habe ständig Schluckauf. Bitte helfen Sie mir", „Auf meinem Dachboden sind Fledermäuse. Ich fürchte mich so. Was soll ich machen?"

Die Fragen werden laut vorgelesen.

In der zweiten Spielphase schreibt jeder Spieler einen entsprechenden Ratschlag auf (z. B. „Lassen Sie sich zur Ehe- und Familientherapeutin ausbilden. So stehen Sie über den Dingen." – „Probieren Sie es einmal mit einer Sauerkraut-Hefe-Rohmilch-Kur." – „Haben Sie es schon mit klassischer Musik versucht? Stellen Sie einen CD-Player auf Ihrem Boden auf und installieren Sie daneben eine Mäusefalle."). Die Fragen und Ratschläge werden auf getrennte Zettel (z. B. rot/gelb) geschrieben. Nach dem Mischen ergeben sich völlig neue und skurrile Kombinationen.

Spielintention: Fantasie, Originalität, Spannung, Spaß und Zufallskomik.

Aküsprache

Material: Papier und Schreibzeug.

In unserem Alltagsleben ist die Zahl der Abkürzungen (Aküsprache) unüberschaubar geworden und nicht immer aufzuschlüsseln. Bei diesem Spiel geht es um eine Verballhornung, d. h. lustige, möglichst originelle Neuerklärung von Abkürzungen.

Alle Spieler nennen Abkürzungen, die jeder einzelne nacheinander aufschreibt. In einer zweiten Runde, die etwa 5 Minuten dauert, soll jeder möglichst ausgefallene Interpretationen für die notierten Abkürzungen finden, die anschließend zur vergnüglichen Erbauung aller vorgelesen werden.

Beispiele: EWG = Es wird grausam
UNO = Unentschlossene Not-Organisation
EDV = Ende der Vernunft
FKK = Frische knackige Kürbiskerne
VW = Verfehlte Wirtschaftspolitik

Spielintention: Originalität, Freude am Wortspiel.

Mein Zukunftsbericht

Material: Papier, Schreibstifte, je Spieler ein vorbereiteter Zettel („10 Denkanstöße").

Wir leben zwar in der Gegenwart, dennoch haben wir hin und wieder Vorstellungen, Wünsche, Träume und Pläne für unsere persönliche Zukunft. Sie sind auch der Ausgangspunkt für dieses kleine Gedankenspiel, an dessen Schluß vielleicht gefragt wird: Wie fühle ich mich nach diesen Aufzeichnungen? Wie ernst nehme ich mich angesichts dieser zeitlichen Dimensionen?

Jeder Spieler erhält einen Zettel mit 10 „Denkanstößen", zu denen er sich kurz schriftlich äußern soll:

1. Meine private Situation im Jahre 1998.
2. Meine berufliche Tätigkeit im Jahre 2002.
3. Meine Wünsche und Interessen im Jahre 2010.
4. Meine Wohnung im Jahre 2012.
5. Meine Urlaubsreise im Jahre 2015.
6. Mein Arbeitsplatz im Jahre 2018.
7. Meine Freizeitinteressen im Jahre 2020.
8. Mein Verkehrsmittel im Jahre 2020.
9. Meine Geburtstagsparty mit Freunden im Jahre 2022.
10. Mein Alter im Jahre 2028 und meine Wünsche für mein weiteres Leben zu diesem Zeitpunkt.

Haben alle Teilnehmer ihre „Zukunftsberichte" aufgeschrieben, kommen sie im Stuhlkreis zusammen. Jeder liest vor, was er zu den einzelnen Punkten notierte. Meist entwickelt sich nach dem Vorlesen einzelner Punkte ein lebhaftes Gespräch.

Intention: Anregung des Vorstellungsvermögens, Auseinandersetzung mit neuen Ideen, Besinnung.

Mein zweites Leben

Material: Papier und Schreibzeug.

Ein nachdenkliches Spiel für etwas ältere Teilnehmer und zugleich ein besinnliches für die Jüngeren.

Wer andauernd nur schindet, das Leben von der verbissenen Seite her empfindet und Karrieren nachrennt, vergißt, daß es viele wunderschöne Dinge auf dieser Welt gibt. Eines Tages, meist wenn die Lebensmitte überschritten wurde, fragt man sich, was man wohl besser machen könnte. Ein Zitat Samuel Buttler's bringt es auf den Punkt: „Alle Lebewesen außer den Menschen wissen, daß der Hauptzweck des Lebens darin besteht, es zu genießen."

Zum Spielverlauf:

Jeder Teilnehmer hat vor sich Papier und Schreibzeug liegen. Ausgehend von der Überlegung „Wenn ich noch einmal leben könnte ..." schreibt jeder seine Wünsche, Visionen und persönlichen Verhaltensänderungen auf. Nach einer gewissen Zeit – vielleicht 10–15 Minuten – werden die Aussagen vorgelesen und gemeinsam besprochen.

Vielleicht möchte der eine in seinem zweiten Leben verrückter oder waghalsiger sein, ein anderer würde sich mehr entspannen wollen und ein weiterer lieber mehr aktuelle als eingebildete Probleme haben. Da allen Teilnehmern dieses Spiels jedoch definitiv nur ein Leben zur Verfügung steht (der Gegenbeweis fehlt bisher!), bietet sich allen die Möglichkeit, bestimmte Verhaltenswünsche sofort umzusetzen und damit nicht länger zu warten.

Spielintention: Bewußtmachung der eigenen Lebenssituation, Reflexion, Denkansätze zur eigenen Verhaltensänderung.

In fremder Haut

Material: Schreibzeug und Papier.

Ein interessantes Spiel für eine bunt zusammengewürfelte Gruppe, die sich schon besser kennt. Jeder Mitspieler schreibt auf einen Zettel seinen vollen Namen, faltet das Papier zusammen und legt es in einen in der Mitte des Tisches stehenden Korb (oder Schüssel o. ä.). Die Zettel werden von der Spielleitung gut gemischt und an die Spieler verteilt. Wer seinen eigenen Zettel zieht, legt ihn wieder in das Gefäß zurück. Jeder Spieler soll nun etwas über sein zweites „Ich", dessen Name auf dem Zettel steht, aufschreiben und anschließend erzählen. Er soll von den Angewohnheiten, Eigenheiten, Wesensmerkmalen sprechen, und zwar in der Ichform. Vielleicht gelingt es einem guten „Psychologen" sogar, sich in die Gefühlswelt seines zweiten Ichs zu versetzen und über dessen Wünsche, Sehnsüchte und Enttäuschungen zu berichten.

Spielintention: Wahrnehmung und Beobachtung, Sensibilität, Einfühlungsvermögen, Fremd- und Selbsteinschätzung.

Lim-Lim-Limericks

Material: Papier und Schreibzeug.

An „Limericks" zu tüfteln kann sehr ansteckend sein. Wenn man einmal in einer kleinen Gruppe mit solchen Wortspielereien anfängt, nimmt das Basteln von hintersinnigen Versen so bald kein Ende.

Bei einem Limerick handelt es sich um eine Gedichtform, die äußerlich durch fünf Zeilen gekennzeichnet ist. Das Reimschema lautet dabei aa – bb – a. Die beiden ersten Zeilen und die letzte haben den gleichen Reim. Die dritte und die vierte Zeile sind in der Regel kurz. Die muntere Versbastelei ist somit an eine strenge Form gebunden. Hinzu kommt, daß das erste der drei Reimwörter stets eine Stadt, ein Land oder eine geographische Bestimmung sein muß. Zum Limerick gehört also ein Ortsname, auf den sich die zweite und die fünfte Zeile reimen muß.

Einige Beispiele:

Ein altes Fräulein in Ziehten,
liebte einst einen Jesuiten.
Das Dumme war nur,
er war furchtbar stur
und hatte auch nichts zu bieten.

Es wirkt ein Lektor in Weinheim,
dem fällt so manches Thema ein.
Und mit viel Geschick,
Verstand und Glück,
holt er dem Verlag viel Geld rein.

Es lebte ein Muttchen in Plauen,
das erwischte man beim Butterklauen.
Sie mußte sitzen,
in Einzelhaft schwitzen
und auf die schmelzende Butter schauen.

Es schluckte ein Rentner in Laubach,
für sein Leben gern ein Glas Scharlach.
Doch je mehr er trank,
gab's mit Nachbarn Gezank,
jetzt zieht er um nach Bad Schwalbach.

(Peter Thiesen)

Spielintention: Sprach- und Reimgefühl, Fantasie, Spaß am Wort-spiel, originelle Ideen umsetzen.

Warum ..., weil ...

Material: Papier und Schreibzeug.

Recht amüsant ist das Endergebnis dieses kleinen Schreibspiels, bei dem jeder Teilnehmer einen Satz auf ein Papierblatt schreibt, der mit „Warum" anfängt. Dann wird das beschriebene Blatt um Daumes-breite nach hinten umgefaltet und an den linken Nachbarn weiter-gegeben, der eine mit „weil" beginnende Antwort darunter setzt – natürlich ohne die Frage zu kennen. Bevor er das Blatt weiterreicht, schreibt er einen neuen „Warum"-Satz auf das Papier ...
    Ein Beispiel aus der Praxis:
    „Warum laufen den Volksparteien die Wähler davon?"
    „Weil es übermorgen bestimmt wieder regnen wird."

Spielintention: Spaß am Verfremden, Überraschungseffekt.

Mit Bausch und Bogen

Material: Papier und Schreibzeug.

„Bausch und Bogen", „Himmel und Hölle", „Mann und Maus" sind Stabreime (gleicher Anlaut der betonten Silben aufeinanderfolgender Wörter).

Innerhalb von 5–10 Minuten sollen möglichst viele Stabreime aufgeschrieben werden. Es können Punkte für jeden verteilt werden, wobei die Mitspieler zusätzlich Punkte für Stabreime erhalten, die kein anderer gefunden hat.

Weitere Beispiele: Wind und Wetter, Samt und Seide, Kind und Kegel, Kimme und Korn, Haus und Hof.

Spielintention: Sprachgefühl.

Merkwürdige Diagnosen

Material: Schreibpapier und Stifte.

Ähnlich wie beim vorangegangenen „Warum ... weil"-Spiel, erhält jeder Spieler ein DIN-A-4-Blatt, das er nach jeder beschrifteten Zeile nach hinten knickt und dann dem linken Nachbarn weitergibt. In die ersten Zeile schreibt jeder eine erdachte Krankheit (z. B. Blähsucht). Dann folgen der Reihe nach

– die Anzeichen und Symptome
– ein bis zwei Behandlungsvorschläge
– die voraussichtliche Heilungsdauer.

Ab 5 Mitspielern werden diese Reihen je zwei- oder dreimal ausgefüllt.

Spielintention: Ideen äußern, Spaß am Verfremden, Überraschungseffekt beim Vorlesen.

Zeitungsreporter

Material: 1 Stapel alter Zeitungen, Papier, Scheren, Klebstoff.

Wer gestaltet den originellsten Zeitungsartikel? Um diese Frage zu beantworten, werden unter den Spielern alte Tageszeitungen verteilt. Jeder Mitspieler soll aus 8–10 Schlagzeilen einen neuen Artikel (Meinung oder Kommentar) zusammenstellen, ohne dabei die einzelnen Überschriften zu verändern.

Die einzelnen Überschriften werden ausgeschnitten, entsprechend angeordnet und aufgeklebt. Der so entstandene Artikel wird anschließend in der Runde zum besten gegeben.

Spielintention: Spaß an der Veränderung, Ideen umsetzen, Situationskomik.

O unberachenbare Schreibmischane

Material: Papier und Schreibzeug.

Die Überschrift dieses Spiels ist der Titel eines sehr originellen Gedichtes von Josef Guggenmos; das da lautet:

> O unberachenbare Schreibmischane,
> was bist du für ein winderluches Tier?
> Du tauscht die Bachstuben günz nach Vergnagen
> und schröbst so scheinen Unsinn aufs Papier!
>
> Du tappst die falschen Tisten, luber Bieb!
> O sige mar, was kann da ich dafür?
> (Aus: Josef Guggenmos: Was denkt die Maus ..., S. 17)

Bei unserem Spiel erfahren die Teilnehmer, daß schnell ein Artikel (oder: ein Reisebericht, eine Bestellung) geschrieben werden müsse. Leider ist die Schreibmaschine defekt. Drei Buchstaben fallen immer aus. Wir bilden Gruppen zu je 3–4 Spielern, die nun ein Schriftstück anzufertigen haben, bei dem drei Buchstaben (z.B. e, n und t) nicht verwendet werden dürfen, weil diese nicht mit der defekten Schreibmaschine geschrieben werden können. Eine Spieldauer wird festgelegt (z. B. von 15 Minuten). Zum Schluß liest jede Gruppe ihren Text vor.

Spielintention: Kombinationsfähigkeit, Originalität, Spaß am Wortspiel.

Deutsche befürchten eine düstere Zukunft

Trotz Wirtschaftskrise

Deutsche vertrauen der Regierung

Pflege

Lohn wird gekürzt

Kinder: 10 000 Mark als Taschengeld

Viel Geld für neue Klobürsten

Waigels neuer Schulden-Etat – Verschwendung überall, doch im Sozialbereich wird gespart

Kohl blieb nur die Nebenrolle

BALD GEHT ES ALLEN AN DEN AUSPUFF!

Es juckt und juckt und...

‚Madonna nackt' im Hörsaal

VHS-Lehrer machen mobil

Zeitungskommentar

163

Club der Dichter

Material: reichlich Papier und Schreibzeug.

Im Lande großer Dichter und Denker schlummern viele Talente, die nur des Anstoßes bedürfen, um lustvoll mit der Sprache zu spielen, also auch zu reimen. Es ist den Teilnehmern völlig freigestellt, ob die Endergebnisse einen lustigen, unsinnigen oder gar ernsten Charakter haben sollen. Überwiegen dürfte im Spiel jedoch das komische Element. Spielimpulse können sein:

1. Jeder „Dichter" erhält die Aufgabe, innerhalb einer festgesetzten Zeit einen Zwei- oder Vierzeiler zu verfassen.
2. Zwei bis drei Mitspieler schließen sich zu einem Dichterteam zusammen. Die Spielleitung nennt die für alle verbindlichen Reimwörter. Welches Team entwickelt daraus das lustigste Gedicht?
3. Wem fallen zu bestimmten Stichworten originelle Nonsenssprüche ein? Beispiele:
   Video ... „Lieber Video als gar kein Deo."
   Computer ... „Stecker raus, Computer aus!"
   Tango ... „Abends Tango, morgens Fango".
4. Jeweils ein Mitspieler entwickelt einen Vers auf die vorgegebene Zeile eines Mitspielers.
5. Die Spielleitung gibt die erste Zeile eines Vierzeilers. Die restlichen drei Zeilen werden nun von jedem Mitspieler selbständig verfaßt.
6. Zu einem vorgegebenen Thema (z. B. Umwelt, Erziehung, Männer, Frauen, Ehrgeiz usw.) verfassen die Teilnehmer allein oder in 2er-Gruppen ein Gedicht.

Bei allen Spielvarianten kommt es zum Schluß zur Freude aller zur großen Dichterlesung.

Spielintention: Ideen umsetzen, Reime, Parodieren, Problematisierung, Originalität, Witz, Spaß am Wortspiel.

Zündende Werbeideen

Material: 1 Stapel Werbeanzeigen aus Illustrierten, Scheren, Kleber, Schreibpapier, Filzer, Tonpapierbogen.

Die Werbung hat bekanntlich das Ziel, Bedürfnisse bei uns zu wekken, bestimmte Produkte „schmackhaft" zu machen, ohne die unser Leben scheinbar nur halb so schön wäre.

Für unser Spiel haben wir bunte Werbeanzeigen ausgeschnitten. Um die Fantasie der Spieler nicht zu beeinträchtigen, wurden die Namen der Produkte vorher überklebt oder mit Deckweiß überpinselt.

Die Spielgruppe wird jetzt in mehrere Kleingruppen aufgeteilt. Jede erhält gleichviele Anzeigen, große Papierbogen, Filzschreiber und Klebstoff. Aufgabe jeder „Werbeagentur" ist es, für bereits bestehende Produkte, die noch keine Markenbezeichnung haben, Anzeigenentwürfe zu erstellen. Natürlich können diese völlig anders lauten als alles, was bisher bereits von der „Konkurrenz" angeboten wird.

Variation: Die Kleingruppen entwerfen für ein neu zu verkaufendes Mineralwasser eine zugkräftige Werbekampagne (Produktname, Verkaufsslogan, Entwurf für das Etikett ...).
Oder: Je zwei Spieler fertigen aus Illustriertenbildern und Werbetiteln eine Collage zum Thema Werbung (Parodie).
Spielintention: originelle Ideen entwickeln und umsetzen, kritische Auseinandersetzung mit dem Thema „Werbung".

Drei-Sterne-Menüs

Material: Papier und Schreibzeug.

Bei diesem Spiel können sich dichtende Gourmets so richtig ausleben, wenn auch nur „literarisch". Jeder Spieler erhält Papier und Schreibzeug. Es soll für ein extravagantes Drei-Sterne-Restaurant eine Speisekarte erstellt werden. Dabei sind der Fantasie des einzelnen „Küchenchefs" keinerlei Grenzen gesetzt. Je verrückter, desto besser. Nach einer festgelegten Zeit werden die Gerichte, die nicht unbedingt „genießbar" sein müssen, zur „akustischen Gaumenfreude" aller in der Runde festgestellt.

Im Zeitalter des Fastfood kann auf der Edelspeisekarte durchaus ein extravaganter „Cheeseburger" (aus dem Land des Lächelns) stehen, der mit Dinosaurierknorpeln angereichert wurde, um so einen schmackhaften Gegensatz zum bißweichen Brötchen in Reisewekkergröße zu bilden.

Statt der Erstellung einer Speisekarte bietet sich auch an, die Zubereitung eines einzigen Gerichtes ausführlich zu beschreiben. Übrigens: Schaschlik ist immer spießig und Kaviar macht rogenabhängig.

Spielintention: originelle Ideen mitteilen, Fantasie, Witz, Spaß an der Parodie deutscher Kochkünstler.

ABC-Spiele

Material: Papier und Schreibzeug.

Wer glaubt, ABC-Spiele seien etwas für Grundschüler, der irrt. Ausgangslage für die folgenden drei Schreibspiele ist das Alphabet, wenn auch die Spielinhalte von „nachdenklich" bis „blödeln" reichen.
Hier nun die Spiele:

Schule heißt ...
Die Spieler einigen sich auf ein „Reizwort" und versuchen dann – jeder für sich – das Alphabet von A – Z mit Worten zu füllen, die ihrer Meinung nach im Zusammenhang mit dem Reizwort stehen.

Beispiel **Schule heißt...** **A**ufgaben
Benotung
Charakterstärkung
Duckmäuser, durchsetzen
Erfahrungen
Formalismus, Ferien
Gedanken, Gleichlauf
Hierarchie, Hoffnung, Herbstferien
Ideen

Jahresarbeit
Kontrolle, Klassenarbeit
Lust, Langeweile, Lehrer
Mathe-Alpträume
Naturwissenschaft, nüchtern
Ohnmacht, Oberlehrer, Osterferien
Pedell, Passivität, pastoral
Quälerei
Rückversetzung, ratlos, Rektor
Selbstentfaltung, Selbstentfremdung
Tolle Tage, turnen
Unterhaltung, unterdrückt
Vorschrift, Verordnung, Versetzung
Weihnachtsfeier, Winterferien
X-mal das gleiche machen
Zensuren

Andere „Reizworte" können z. B. sein: Jungsein heißt ..., Liebe heißt ..., Wiedervereinigung heißt ..., Frausein heißt ..., Politiker sein heißt ..., Freundschaft heißt ..., Politikverdrossenheit heißt ...

Von Ausflipp bis Zoff
Die Spieler erhalten die Aufgabe, in einer festgelegten Zeit ein „Lexikon der Jugendsprache" zu erstellen. Die Durchführung kann allein oder in Kleingruppen geschehen. Zum Schluß werden die aufgeschriebenen Begriffe vorgelesen und – wenn nötig – näher erörtert. Vielleicht läßt sich anschließend aus der Wortsammlung eine Geschichte entwickeln.

Beispiele:

A	B	C
abdüsen	beknackt	Chaos
Action	Beziehungskiste	Clique
Ausflipp	Bock	cool

D	E	F
Depros	easy	fix und foxi
Disco-Torte	Ego-Trip	Frusti
dummsülzen	eh!	full house

G	H	I
geil, affengeil	Hippies	inclu
gebongt	Hirnies	irre, echt irre
Glotze	Hektiker	is' nich...

Erst einmal auf dem „Lexikon"-Trip, finden die Teilnehmer so bald kein Ende und wollen sich immer mehr Begriffe „reinziehen". Alles „klaro"?

ABC-Blödelsätze
Jeder Spieler bildet 3 bis 4 mehr oder minder sinnvolle, witzige oder skurrile Sätze. Das erste Wort im ersten Satz beginnt mit einem „A", das 2. Wort mit einem „B", das 3. mit einem „C" und so weiter bis zum „Z".

Beispiel:

Adelheid	**N**achts,
Besuchte	**O**hne
Christian,	**P**roviant
Der	**Q**uerfeldein
Einen	**R**ichtung
Fruchtwein	**S**teinfurt,
Gekeltert	**T**orkelten
Hatte.	**U**nsere
In	**V**erliebten.
Jenem	**W**ollten
Köstlich	**X**-mal
Labenden	**Y**oghurtbecher
Meistertrunk,	**Z**erknüllen.

Wer schafft es, in einer vorher festgelegten Zeit, seine(n) ABC-Satz/Sätze zu beenden?

Spielintention: Spaß am Wortspiel, Originalität, Fantasie.

Mal' und sing' – Singmal

Material: Papier und Schreibzeug.

Mit Hilfe von Papier und Schreibstift soll jeder Spieler den Anfang eines bekannten Schlagers darstellen. Jeder Teilnehmer zeichnet mit wenigen Strichen ein Lied seiner Wahl und gibt das zusammengefaltete Blatt der Spielleitung, die die gut gemischten Schlagerbilder verteilt. Jeder Spieler soll den auf dem Papier dargestellten Schlager erraten. Der Titel wird unter das Bild geschrieben. Wer den Namen nicht errät, muß zur Strafe einen Schlager singen – und was viel schlimmer ist: die anderen müssen sich ihn anhören.

Spielintention: Originalität, Ideen umsetzen, Texte bildlich umsetzen, Wahrnehmung, Spaß an möglichen Gesangesparodien.

Erfinder-Messe

Material: pro Teilnehmer 1 Zettel und 1 Bogen Malpapier, Schreibzeug und Filzstifte.

Um sich auf dem hochtechnisierten Weltmarkt mit heimischen Erfindungen behaupten zu können, ist Außergewöhnliches gefragt. Gesucht werden Maschinen, die es bisher noch nicht gab, die jedoch für die Menschheit einen undenkbaren Fortschritt bedeuten. Auf unserer „Erfinder-Messe" wollen wir erste Meilensteine setzen. In der 1. Spielphase denkt sich jeder Spieler ein besonders vielseitiges Gerät bzw. eine ungewöhnliche Maschine aus und schreibt sie auf einen Zettel. Die Zettel werden eingesammelt, gemischt und jeder zieht sich jetzt seinen „Konstruktionsauftrag". In der 2. Phase werden die Geräte und Maschinen gezeichnet. Nach einer festgelegten Zeit kommen alle zusammen und bestaunen die kuriosen Erfindungen.

Einige Konstruktionsvorschläge: Werkzeug-Löffel (Arbeiten und Essen am Arbeitsplatz), Kamm-Gabel, Luftentschmutzungsschönduftapparat, Augenbrauenzupfundnasenhaarentfernungsgerät, Stimmungstiefaufhellungsundlachmaschiene, Dummheitsbesteuerungsmaschine, Solarmuffohrenschützer, Rucksacklaufselbstschüttelmüslimixer, Begrüßungshutomat, Siamesischertanzstundenpartnerschuh.

Spielintention: Fantasie, Kreativität, originelle Ideen bildnerisch umsetzen.

Ein Blick in die Sterne

Material: Horoskope aus Zeitungen und Illustrierten, Papier, Schreibzeug.

Irgendjemand soll einmal gesagt haben: „Wer an sein Horoskop glaubt, meint für das, was er tut, nicht verantwortlich zu sein." So werden dann auch der Tag oder die ganze Woche der Vorhersage entsprechend geplant. Wir sind natürlich viel kritischer und glauben unserem Horoskop nur, wenn es positiv für uns ausfällt ... Horoskope sind ein idealer Ausgangsstoff für Kurzgeschichten. Die Spieler können sich aus einer Anzahl ausgeschnittener Zeitungshoroskope eines herausziehen und daraus eine kleine Geschichte entwikkeln, die jeder für sich aufschreibt. Die Form wird vorgegeben, z.B. Krimi, Märchen, Dialog u.ä.

Nach etwa 10–15 Minuten werden die Horoskope und die aus ihnen entwickelten Geschichten vorgelesen. Die Ergebnisse sind verblüffend und amüsant zugleich.

Variation: Die Horoskope dienen als Impulse für kurze Spielszenen.

Spielintention: Fantasie entwickeln, originelle Ideen äußern und darstellen.

Beispiele:

STIER
(21. 4.–20. 5.): Sie haben sich ein kuscheliges Wochenende verdient. Deshalb: Unerwartetem Besuch gar nicht erst die Tür öffnen. Aber lassen Sie den Partner an Ihren Träumen teilhaben, er fühlt sich sonst ausgeschlossen.

WASSERMANN
(21. 1.–20. 2.): Ihnen ist ein wenig schwermütig ums Herz. Sie sehnen sich nach Zärtlichkeit. Halten Sie damit nicht hinter dem Berg. Ihr Partner ist soviel Anlehnungsbedürfnis nämlich nicht gewöhnt. ☎ **0190/24 23 11**

STEINBOCK
22.12.–19.1.
Zwischen Ihnen und Ihrem Partner herrscht uneingeschränkte Einigkeit. Eine Entscheidung, die man Ihnen abverlangt, wird deshalb bestimmt nicht schwerfallen.

ZWILLINGE
(21. 5.–21. 6.): Manchmal geht's nicht ohne Notlüge. Heute bleiben Sie aber besser bei der Wahrheit. Auch in der Liebe sollten Sie nicht zu dick auftragen, sonst wird der andere mißtrauisch.

SKORPION
23.10.–22.11.
Heute kommen Herausforderungen auf Sie zu, die Sie gelassen angehen sollten, auch wenn es Ihnen nicht leichtfällt, dabei eine vertraute Gewohnheit aufzugeben.

KREBS
(22. 6.–22. 7.): Sie haben die richtige Taktik gewählt: Auch wenn Sie sich scheinbar nachgiebig und kompromißbereit zeigen, wissen Sie genau, was Sie wollen und verlieren Ihr Ziel nicht aus den Augen. Mehr auf die Gesundheit achten.

SCHÜTZE
23.11.–21.12.
Wie wäre es, wenn Sie in Ihren Forderungen etwas zurückgingen? Der Umgang mit Ihren Mitmenschen würde sich dadurch auf jeden Fall leichter gestalten.

FISCHE
(21. 2.–20. 3.): Raus aus dem Alltag – rein ins Wochenende. Aber vergessen Sie nicht, daß der Partner vielleicht andere Vorstellungen hat. Daher: Beziehen Sie ihr mit ein, wenn Sie Pläne machen.

Super-Puzzle

Material: Kartonkreis von 1 Meter Durchmesser, Schere, Ölkreiden oder dicke Filzstifte.

Ein wirklich beeindruckendes Malspiel, für das wir aus einem Kreis von etwa 1 Meter Durchmesser soviele Teile schneiden, wie Spieler anwesend sind. Jeder nimmt sich ein Puzzleteil und sucht sich einen geeigneten Platz im Raum, um sein Papier zu bemalen. Nach einer bestimmten Zeit tragen alle ihr Teil zusammen und sehen staunend, wie aus den unterschiedlichen Teilen ein großes Kreispuzzle entsteht. Über das fertige Produkt wird gesprochen. Es dient eventuell als Raumschmuck.

Variation: Ein großes Bild oder Plakat mit entsprechender Aussage bzw. Botschaft wird zerschnitten. Die Gruppe setzt es wieder zusammen. Die diskussionsanregende Botschaft wird beim Zusammensetzen deutlich.
Spielintention: Gemeinschaftserlebnis, Ideen festhalten, dokumentieren, Überraschungseffekt, Gespräch.

Theoretische Fahrprüfung

Material: vorbereitete „Prüfungsbögen" (kopierte Verkehrszeichen), Schreibzeug.

Die theoretische Führerscheinprüfung ist für viele mit mehr Aufregung, Ängsten und Streß belegt als manch anderes, wichtigeres Examen. Die Spielleitung hat 15–20 verschiedene Verkehrszeichen fotokopiert, zu denen sich jetzt die Mitspieler originelle „Bedeutungen" einfallen lassen sollen. Die verrückten Ideen werden aufgeschrieben und zur Gaudi aller vorgetragen.

Beispiele:
(Richtiges bitte ankreuzen.)

O Radfahrer immer schön im Kreis fahren.

O Für Fahrräder ohne Speichen und Kette Durchfahrt verboten.

O Dienstfahrräder haben Vorfahrt.

O Politiker dürfen hier nicht parken.

O Pilger müssen auf der Autobahn die Kriechspur benutzen.

O Protestwähler unerwünscht.

O Die Wahrscheinlichkeit, die Neigung zu schaffen, liegt bei 15 Prozent.

O Die Liegesitze sind um 15 Prozent zu neigen.

O Nach dieser Abfahrt verringert sich der Wert Ihres Fahrzeuges um 15 Prozent.

O Achtung, Hänsel und Gretel kreuzen den Weg!

O Hier geht es zum Ringelreihen.

O Kleinere vorbeigehende Passanten sind umgehend an die Hand zu nehmen.

Für weitere Ideen:

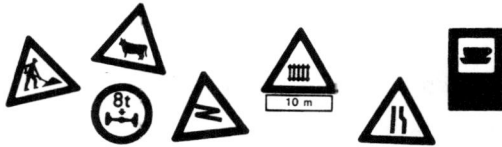

Spielintention: Spaß an der Parodie.

Bild- und Wortmanipulationen

Material: Portraitaufnahmen aus Illustrierten, Retusche, Retuschier-pinsel, Klebstoff, Scheren.

Täglich werden wir durch Massenmedien beeinflußt. Es ist hinläng-lich bekannt, daß Sympathie und Antipathie technisch manipulierbar sind. Darum geht es auch in diesem Spiel, für das wir Kleingruppen von 3–4 Mitspielern bilden, die je 6 gleiche Großaufnahmen (Por-traitaufnahmen aus Illustrierten), Retusche, Retuschierpinsel und Material für die Fotomontage erhalten. Jede Gruppe bekommt 2 Arbeitsaufträge:

1. Die abgebildete Person so negativ wie möglich darstellen.
2. Die Person so positiv wie möglich darstellen.

Die veränderten Abbildungen werden gemeinsam besprochen, ver-glichen und im Gespräch ausgewertet.

Variation: Jede Gruppe erhält 3 ausgeschnittene Illustriertenbilder ohne Text. Zu diesen Bildern soll jeweils ein Text entworfen wer-den.

Spielintention: Bewußtmachen technischer Manipulationsmöglich-keiten, Zusammenhang und Wirkung von Bild und Text erkennen, kritisches Betrachten von Abbildungen, Wahrnehmungsübung.

Tierbilder

Material: Papier und Filzstifte.

Ein amüsantes und aufschlußreiches Spiel für Freizeitpsychologen. Jeder Spieler malt sich als das Tier, das er gerne sein möchte. Die Blätter werden ohne Namen eingesammelt und gemischt. Dann schauen sich alle die Zeichnungen der Reihe nach an. Welches Tier könnte zu wem gehören? Warum hat sich Susanne als „Maus" gemalt, Georg als „Dinosaurier" und Tanja als „Gazelle"?

Spielintention: Selbstdarstellung, Fremdeinschätzung, Wahrnehmung, Gespräch über Wesenszüge und Eigenschaften.

Symbolik

Material: Papier, Blei- und Farbstifte.

Abstrakte Begriffe lassen sich nicht ohne weiteres bildlich darstellen. Mit Hilfe von Bleistift und farbigen Filzern sollen die Teilnehmer verschiedene Begriffe in Zeichnungen oder graphischen Symbolen (Sinnbildern) zum Ausdruck bringen.

Als Begriff eignen sich z. B. Freude, Ärger, Trauer, Zufriedenheit, Lust, Aufregung, Nervosität, Unruhe, Teilnahmslosigkeit, Desinteresse usw. Die Darstellungen werden anschließend besprochen.

Spielintention: Möglichkeiten und Grenzen bildnerischen Ausdrucks erfahren.

Sprechblasenspiele

Material: Comic-Hefte, Scheren, Papier, Klebstoff, Deckweiß, Farbstifte.

Comics, früher ausschließlich als Schund verteufelt, sind aus dem Alltagsleben von Jung und Alt nicht mehr wegzudenken. Ob als eigenständige Hefte und Bücher oder als Bestandteil von Zeitungen und Werbeaktionen, finden Micky Maus und KollegInnen Zuspruch bei nahezu allen Bevölkerungsgruppen. Daß von Comics nicht nur Motivationen ausgehen, die ihre Leser faszinieren, sondern auch kreative Spielideen abgeleitet werden können, sollen fünf Spielvorschläge deutlich machen:

Tarzan trifft auf Donald Duck
Figuren und Handlungsmotive werden aus Comics ausgeschnitten und zu einer neuen Geschichte zusammengesetzt. So können z. B. Tarzan, Donald Duck und Asterix gemeinsam in einer Geschichte auftreten und Abenteuer erleben.

„Promi"-Comics
Comic-Strips-Elemente werden mit anderem Bildmaterial (z. B. Prominentenfotos aus Illustrierten) vermischt. Es kommen neue, lustige Effekte zustande.

Neue Story
Eine Comic-Geschichte bekommt neue Texte verpaßt, indem die Sprechblasen mit Deckweiß übermalt und mit eigenen Inhalten gefüllt werden.

Zwischenstücke
Wir erfinden neue Zwischenstücke zum Anfang und Ende einer Comic-Geschichte.

Mitbringgeschichte

Als Einladung zu einer frechen Fete verschicken wir jedem Gast eine Comic-Seite mit leeren Sprechblasen. Alle werden gebeten, daraus eine Geschichte zu machen und mitzubringen. Die Geschichten werden zu einem bestimmten Zeitpunkt (z. B. in der „Warming-up"-Phase) vorgelesen, ausgelegt oder an einer Infowand befestigt.

Spielintention: Spaß am Verändern von Bild- und Textvorgaben, Fantasie, Kreativität, originelle Ideen umsetzen.

Verwandlungskünstler

Material: siehe Spielbeschreibung.

Ein böser Kunstkritiker soll einmal gesagt haben, daß Kunst nicht von Können komme, sondern von Picasso. Und ein anderer meinte: „Lieber Girls als Beuys!" Sowohl der geniale Maler Pablo Picasso als auch der Aktionskünstler Joseph Beuys wollten mit ihren oft umstrittenen Werken Aufmerksamkeit erregen, was ihnen auch hervorragend gelang. Wir machen uns die beuys'sche Devise „Jeder Mensch ist ein Künstler" zu eigen und gestalten aus allerlei gesammelten Gebrauchsgegenständen (z. B. nicht mehr benötigten Küchengeräten, defekten Radios und Fernsehern, Geschirr, Draht, Klebeband, Zeitungen, Papier, Bast, Stoffresten, alten Fahrradteilen usw.) eine Skulptur. Die Gegenstände sollen so weit wie möglich aus ihrem ursprünglichen Verwendungsbereich gelöst und zum Kunstwert umgestaltet werden. Nicht die praktische Verwendbarkeit, sondern ausschließlich die ästhetische Aussage zählt.

Das Gestaltungsspiel kann entweder vom einzelnen oder in Kleingruppen durchgeführt werden. Die fertigen Produkte können für lange Zeit als schmückendes Objekt Räume zieren und immer wieder an diese Spielaktion erinnern.

Spielintention: Ideen umsetzen, Kreativität, Gebrauchsgegenständen eine neue Bedeutung geben; Kooperation, sich auf den anderen einstellen (beim Gruppenspiel).

Freche Feste von „Anlaß" bis „Aufräumen"

Anlaß

Es gibt unendlich viele Anlässe für freche Feten, Feste und Feiern. Hat man keinen Anlaß, so läßt sich schnell einer finden. Über viele Jahrhunderte hinweg gab es in Italien rund 180 Festtage im Jahr, an denen natürlich nicht alle Arbeit eingestellt wurde, man jedoch mehr Gelöstheit und Leichtigkeit an den Tag legte.

Anlässe für Feste können z. B. sein:

– Feiertage und deren Inhalte
– jahreszeitbezogene Anlässe
– die augenblickliche Situation der Gruppe bzw. des Freundeskreises
– ein bestimmtes Thema festlich anzugehen
– eine bestimmte Tradition
– Kommunikationswünsche in einer Gruppe
– aktuelle Ereignisse (kulturelle, soziale, politische Ereignisse)
– oder reizvolle Themen und Wünsche, die dem Alltagseinerlei zu Höhepunkten verhelfen und ein Ausbrechen aus dem üblichen Rhythmus ermöglichen.

Feten, Feste und Feiern erleichtern Kontakte, verhindern Isolation und Langeweile, bringen Berührungen, animieren zu Kommunikation und lustvoller Auseinandersetzung.

Feste feiern heißt Eigenbeteiligung, sich freuen, gemeinsamer Sinnbezug, Erleben, Spontaneität, sich schön machen, miteinander plaudern, Zugehörigkeit, Identifikation, Erotik, Trinken, Essen, Kontakte knüpfen, Lachen, Tanzen, auf andere zugehen, Provokation, in guter Stimmung sein...

Feste sind ein besonderes *Wahrnehmungserlebnis.* Man sollte sich entspannt fühlen, sich eingeladen – als gewollt und ausgewählt fühlen, tanzen, toben, berühren, riechen, schmecken, schauen, staunen, trinken, essen, atmen können. Diese Elemente bietet das Buch mit seinem umfassenden Spiel- und Ideenangebot an. Gelöstheit und Spaß entstehen bei allen Teilnehmern am ehesten, wenn sie sich willkommen und angenommen fühlen, wenn die Atmosphäre möglichst angst- und spannungsfrei ist.

Themenvorschläge für freche Feten

Das kleine Feten-ABC bietet Anregungen für unkonventionelle Veranstaltungen:

A
Amerikanische Show (Gäste als verrückte Hollywood-Stars, entsprechende Verkleidungen, Musik, Glimmer, Requisiten)
Aufräumfete (Ein Haus/Jugendzentrum o. ä. wird instand gesetzt, ein Grundstück gesäubert, mit Musik, Tanz, Essen.)

B
Besuch bei Dracula (transsilvanisches Vampirfest)
Böser-Buben-Ball
Buschfest (sommerliche Natur-Pur-Fete im Grünen)

C
Café Größenwahn (ein leicht dekadentes Fest im Stil der verrückten Goldenen Zwanziger)
Circus (Für jeden eine Rolle – Menschen, Tiere, Sensationen.)

D
Do-it-yourself-Fete (Selbstgekochtes, selbstgeschneiderte Verkleidungen, viel Experimentelles und Originelles.)
Dschungelfete (Durchführbar zu jeder Jahreszeit, draußen wie drinnen. Tarzan und Jane dürfen mehrmals dabeisein.)

E

Einsame Herzen (Singlefete)

F

Fasching (spricht für sich selbst)
Fünfziger Jahre (alles im Stil der Fifties: Musik, Brillen, Petticoat)

G

Ganovenball (schräge Typen à la Al Capone und ein bißchen Cabaret)
Gegen-Feste-Fest (Stimmung alternativ)
Geisterfest/Geisterhaus/Geisterbahn/Geisterball/Gruselparty

H

Hexenball (Schöne Hexen, Zauberer, Alchimisten, Feen treffen sich in entsprechend geschmückter Umgebung zur großen überirdischen Fete.)
Hitparade (Alle Akteure als Stars. Im Mittelpunkt die Playback-Hitparade.)
Hollywood (schrille Stars, überdrehtes Ambiente, ausgefallene Musik, fantasievolle und bunte Getränke)
Hosenfete (Im Mittelpunkt stehen originelle [selbst entworfene] Hosen.)
Hot Summer Night (tropisch angelegtes Sommerfest: Requisiten, Musik, Essen und Getränke südländisch)

I

Irrenhaus (Eine wahrhaft chaotische Fete mit ausgesucht ausgefallener Musik. Das vorher festgelegte „Personal" paßt auf, daß die Fete nicht ganz aus den Fugen gerät und am Ende doch noch gemeinsam aufgeräumt wird.)

J

Jahrmarkt (Stände, Gaukler, Wachsfigurenkabinett, Musik, Tanz, Clowns, Taschendiebe, Detektive, Gewichtheber ... Für jeden eine Rolle ...)

K

Kaminfete (gemütliche Atmosphäre, Gespräche, dezente Musik, Tanz, einige freche Spiele)

Kreativ-Party (Brainstorming, originelle Ideen entwickeln und umsetzen, Musik, Jux, Gaudi)

L

Lampionfest (z. B. als chinesisches Lichterfest im Sommer, mit entsprechendem Essen, Verkleidung, Musik)

Lumpenball (Der Griff in die Klamottenkiste läßt skurrile Figuren entstehen ... die ausgeflipptesten werden prämiert.)

M

Mittelalterliches Fest (Erst einmal schlau machen über diese Zeit, dann für entsprechende Musik, Kleidung, gebratene Hähnchen sorgen. Es geht rustikal zu.)

Mitternachtsparty (Illustres Treiben rund um die Geisterstunde.)

Mondscheinfest (sommerliches Vergnügen)

Mumienfete (Das alte Ägypten läßt grüßen, Kleopatra auch.)

Musikbox (Tanzfete zur Musik der 50er, 60er, 70er oder 80er Jahre)

Müslifete (etwas für die gesunde Runde)

N

Nachbarschaftsfest (Alle machen mit, alt und jung.)

Nostalgie 1925 (im Stil der Goldenen Zwanziger)

O

Obstfete (alternatives Erntedankfest. Rund ums Obst: Getränke, Säfte, Obstsalat, Spiele, Verkleidungen, Musik „Ausgerechnet Bananen ...“.)

Orientalische Nacht (aufwendige Requisiten, wallende Gewänder, viel Gold [Folie] ...)

P

Pressefest (alternative Zeitung, imaginative Zeitung, Zeitungskleidung, Klatschreporter, Spiele um und mit Zeitungen, Musik, Zeitungstänze)

Pyjamafete (lustiges Vergnügen in Nachtkleidern und Bettmützen)

Q

Quizfete (rätseln, raten, Ratespiele, Musik, Tanz, Preise für den besten „Quizer")

R

Römerfest (Auweia, die Römer kommen! Mit dabei Asterix und Obelix, ein Riesen-Zaubertrank-Gefäß, Gewänder, Sandalen, Cäsar ...)

S

Schlemmerfest (Im Mittelpunkt steht ein großes Buffet, zu dem alle Teilnehmer etwas beitragen, Musik, Tanz, Spiele.)
Schneeparty (Winterliches Vergnügen: Iglu-Bau, Schneeball-schlacht, Musik, heiße Getränke, warmer Eintopf, große Schnee-skulptur bauen.)
Schottenparty (Verkleidung, Resteküche, schottische Musik ...)
Spaghettiorgie (Nudeln satt in allen Varianten mit verschiedenen Soßen, italienischer Musik, Tanz, Spiel.)
Spielfete (unter bestimmten Themenstellungen wie in diesem Buch)
Steinzeitwochenende (Langzeitfest auf einem Naturgrundstück.)
Strandfete (Strandolympiade, Wasserspiele, Grillen, Gitarre ...)
Straßenfest (Vergnügen für eine ganze Straße. Umfangreiche Vor-planung.)
Survivalwochenende (ähnlich wie beim Steinzeitwochenende etwas für abenteuerlustige Teilnehmer/innen)

T

Talentschuppen (Jeder trägt etwas zum Gelingen bei: Musik, Ge-dicht ...)
Transsilvanisches Vampirfest (Man muß kein Grufti sein, um an diesem Fest teilnehmen zu können. Grundlagen: Schminke, Ver-kleidungen [schwarz/weiß und blutrot], Geistermusik, Geister-drinks ...)

Tropentag (heiße Musik, kühle Getränke, bunt geschmückter Garten)

U

Überraschungsfete (Wer bringt den unterhaltsamsten Gast mit?)

V

Vampirfete (siehe transsilvanisches Vampirfest)
Verkleidungsfete (Alle bringen etwas zum Verkleiden mit. Verkleidungen werden auch ausgetauscht ...)

W

Wald- und Wiesenfest (Natur pur, eventuell gekoppelt mit einer Wald-Reinigungsaktion. Lastwagen oder Traktor mit Anhänger wird von der Gemeinde gestellt.)
Weihnachtsfrauenfest (Die männlichen Teilnehmer bereiten ein gemütliches Fest mit allem Drum und Dran vor, zu dem dann die weiblichen Teilnehmerinnen eingeladen werden. Eine Weihachtsfrau verteilt die zuvor in einem Sack gesammelten Julklappäckchen. Musik, Tanz, Spiele ...)
Weltraumtreff (eine futurologische Fete mit entsprechenden Verkleidungen, Raumschmuck, Musik ...)
Wikingerfete (ähnlich wie beim Steinzeitwochenende)

X

Mister X wird gesucht. (Während des gemeinsamen Festmahls erfährt der Gastgeber, daß sich an seinem Tisch der lange gesuchte Killer Mister X befindet. Jeder kann es sein. Je nach Vorplanung und Drehbuch kann die Mördersuche zweier vorher bestimmter Detektive durchaus bis zu zwei Stunden dauern. Ist Mr. X gefaßt, geht die Party richtig los. Die Teilnehmer der vornehmen Tafel sind entsprechend elegant gekleidet ... Musik, Requisiten, Konzept ...)

Y

Yachtclub (maritime Fete mit entsprechend verkleideten Teilnehmern, Musik [mit mindestens einer Hans-Albers-Nummer], Kulinarisches, Spiele, Seemannsgarn, Tanz ...)

Z
Zweitausendzwei (die ultimative Fete als Vorübung zur Jahrtausend-
wende)

Terminwahl

Feten, die bis in den späten Abend dauern, finden meist am Freitag
statt. So kann man sich am Samstag ausschlafen und hat den Sonntag
für sich. Für andere Feste kommen natürlich auch die übrigen Wo-
chentage in Frage.

Es ist zu überlegen, ob am vorgesehenen Abend z. B. etwas Interessantes im Fernsehen läuft (Krimi/Fußball-Länderspiel o. ä.)
oder ob – soweit überschaubar – das Wetter zum gewählten Fest paßt.
Für jüngere Teilnehmer finden die Veranstaltungen am Nachmittag
und am frühen Abend statt.

Einladung

Der spezielle Charakter des Festes muß schon im Titel deutlich werden. Wichtig sind auch Ort, Zeit, Veranstalter mit Absender und
Telefon. Eventuell geben wir auch eine bestimmte Teilnehmerzahl an
und geben notwendige Hinweise zum Programm bzw. Verlauf. Ist
(Ver)Kleidung gewünscht? Je nach Festidee können wir die Teilnehmer zu Aktivitäten veranlassen und um Mitbringsel bitten, die den
Einstieg, das Mitmachen und Sich-Wohlfühlen erleichtern, wie
z. B.

– ein bestimmtes Teil zum Raumschmuck,
– Verkleidungen, Kostüme, Schminke, Masken,
– Lieblingsmusik oder -spiel,
– Sitzpolster, Decke oder Schlafsack.

Teilnehmer

Sie sind das Wichtigste am Ganzen. Um sie geht es letztlich. Im Idealfall nehmen sie bei der Fete rasch Kontakt zueinander auf, lernen neue Menschen kennen, führen Gespräche, spielen, tanzen, toben miteinander. Feten schließen auch stets Genußfähigkeit, Erotik und Körperspüren mit ein. Soweit das Kennenlernen nicht schon Bestandteil der Festidee und seiner Elemente ist, brauchen Feste einige „typische Kennenlernelemente"; wie sie im 1. Kapitel des Buches beschrieben sind.

Ort/Raum

Feten kann man eigentlich überall feiern: Angefangen vom Fest in der kleinen „Bude", in Kellern, Jugendfreizeitheim, Schulen, Gemeinderäumen, Hallen, Wohnstraßen, Plätzen bis zu großen Wiesen.

Bei Räumen sind vorab zu klären: Größe, Aufteilung, Sitzgelegenheiten, Licht, Stromversorgung, Farben, Wärme, Lüftung. Es empfiehlt sich, verschiedene Ecken im Feierraum bzw. den Räumen einzurichten; z.B. Sitz-, Mal-, Spiel-, Eß-, Liege-, Faulenzerecken usw.

Die Dekoration ist vom Thema abhängig, z.B. Kreppapier, Girlanden, Lampions, Tonpapier, Tapetenrollen, Pappen; Hilfsmittel: Tesaband, Klebstoff, Band, Farben, Pinsel, dicke Filzschreiber, Nadeln, Draht, Reißbrettstifte, Scheren.

Gruppen, die ihren Raum vom Anfang bis zum Ende selbst gestalten, erleben ein Fest besonders intensiv. Die Räume sollten unterteilt werden in Sitzgelegenheiten, Tanz- und Spielfläche, Bar und Büffet.

Besonders wichtig für die Atmosphäre ist eine entsprechende Beleuchtung für die einzelnen Bereiche (z.B. gedämpftes Licht, farbiges, sehr helles, Scheinwerfer für eventuelle Bühne ...) Die Räume nicht überheizen. Sauerstoffarme Luft macht rasch müde. Findet das Fest im Freien statt, muß rechtzeitig an die Stromversorgung gedacht werden, ebenso an Papierkörbe und Aschenbecher.

Musik

Die richtige Musikauswahl übt einen wesentlichen Einfluß auf den Festverlauf aus. Musik ist eine Stimulans. Sie bringt Schwung oder Ruhe in den Verlauf des Festes, beeinflußt die Dynamik, kann sehr erfrischend sein. Einstieg, Lautstärke und Mischung sind sorgfältig auszuwählen und abzuwägen.

Kleidung

Wenn das Fest nicht schon von vornherein unter einem mit Verkleidung verbundenem Motto steht, ist zu überlegen, was man anzieht. Das, was wir anziehen, muß unsere zweite Haut sein. Wir müssen uns in ihr wohlfühlen. Irgend jemand hat einmal gesagt, daß Kleider uns verhüllen, uns zu einem Geheimnis machen, gleichzeitig aber auch eine Enthüllung unserer selbst ist. Kurzum: Soweit keine spezielle Kleiderordnung vorgegeben ist, wird getragen, was einem selbst an sich gefällt.

Essen und Trinken

Leib und Seele werden bekanntlich durch gutes Essen zusammengehalten. Und auch das Auge ißt stets mit. Originalität, Optik und Präsentation der Speisen bestimmen das Gelingen einer Fete entscheidend mit. Gemeinsames Zubereiten der Speisen erhöht in der Regel die Verbundenheit, den Appetit und die Feierstimmung in einer Gruppe.

Rechtzeitig klären wir, in welchem Rahmen das Essen stattfinden soll, z. B. an einer festlichen Tafel, im Stehen, am Boden, rund um den Grill, aus der „Gulaschkanone", Selbstbedienung (ja/nein).

Programmgestaltung und -ablauf

Der Erfolg eines Festes steht und fällt mit einer gut durchdachten Programmplanung. Als Organisatoren müssen wir in der Lage sein, auf Menschen zuzugehen und schon zu Beginn für eine gelöste Stim-

Mit Fantasie und einigen Handgriffen entsteht räumliche Atmosphäre.

mung zu sorgen. Stimmungstötend für jedes Fest sind erstarrte Rituale, Angeberei, steifes Benehmen, Verkommerzialisierung, leere Sprüche vielerlei Art, Fensterreden und „Sauferei". Gemeinschaftsfördernd und verbindend wird ein Fest durch eine passende Kennmelodie, die leicht ins Ohr geht.

Die Spiele und Aktionen auf einer Fete sollten kommunikationsfördernd sein. Am besten ist eine Mischung aus Neuem und Vertrautem. Es sollte Lustvolles und Entspannendes geboten werden, aber auch die Möglichkeit geben, passiv sein zu dürfen. Die meisten Spielangebote dieses Buches lassen sich als Programmbestandteile einsetzen. Sie können als Einzelaktivitäten oder in mehreren Spielen zusammengefaßt als ein „Programmpaket" angeboten werden. Dabei sind der Beginn und Schluß des Festes, Zeitpunkt und Dauer der Spielangebote und ihre (Aus)Wirkungen zu beachten.

Als kleine Checkliste für den Programmablauf bietet sich an:

– Deutlicher offizieller Beginn (z. B. durch Kennmelodie).

- Erste lockere Kontaktaufnahmen und Gespräche der Gäste untereinander.
- Am Anfang gemeinsame Aktivitäten anbieten. Sie geben Sicherheit.
- Cliquen nicht unbedingt auflösen wollen, auch sie geben gerade zu Beginn eines Festes Sicherheit. Spielerisch lassen sich Cliquen auflösen (siehe „Kontaktspiele").
- Essen und Trinken lassen sich sehr gut als verbindende Aktion einsetzen.
- Wichtig ist ein Wechsel von Licht, Musik (Lautstärke), Tanz, Spiel, ruhigeren Gesprächsmöglichkeiten.
- Mit etwas Gespür finden wir den richtigen Zeitpunkt für das Ende des Festes (netter, deutlicher Abschluß).

Aufräumen

Das Aufräumen kann mit Hilfe von Musik als „Ameisenspiel" durchgeführt werden. Wir können es überall dort spielen, wo es zuviel Schmutz und Müll gibt. Es macht sich besonders gut auf großen Festen, wo zum Schluß allerlei eingesammelt, zurechtgestellt, gereinigt und abgewaschen werden muß. Kleine Teams sammeln auf Teufel-komm-raus allen herumliegenden Unrat zusammen und bewältigen andere gestellte Aufräumaufgaben. Eine Jury stellt die Sieger fest. Letztlich erhält jede fleißige „Ameise" eine kleine Aufmerksamkeit.

Impulse für freche Aktionen

Aktionen sind zielorientierte Unternehmungen und Handlungen, die meist mit Partnern abgesprochen und durchgeführt werden. Sie können – je nach Themenschwerpunkt – als Interaktion und Form sozialen Handelns zur Verständigung beitragen, Sozialbeziehungen stabilisieren und Solidarität entwickeln. Protestaktionen z. B. sind der Versuch, das Bewußtsein für spezifische Probleme zu wecken, wie etwa für eine bessere, lebenswertere städtische Umwelt oder gegen Benachteiligungen gegenüber Minderheiten.

Hier nun einige Impulse für freche Aktionen:

A

Abenteuertag (Organisation einer ungewöhnlichen Entdeckungs-
tour/Wanderung/Fahrt durch die nähere Umgebung. Möglicher
Gesichtspunkt: Veränderung einer Landschaft durch Baumaßnah-
men.)
Aktion gegen Ausländerfeindlichkeit (Lichterkette, Stadt[teil]fest)
Alternativ-Werbung bzw. Anti-Werbe-Aktion gegen verdummende
Fernseh- und Zeitungswerbung
Alternativen Kultur- oder Literaturpreis ins Leben rufen und ver-
geben
Anhörungen (Hearings) zu bestimmten Maßnahmen (z. B. Auto-
bahnbau) organisieren und durchführen
Arbeitsgruppen zu bestimmten Themen gründen
Ausstellungen organisieren
Autorenabende durchführen

B

Baumpflanzaktion

Bevölkerungsbefragung
Bildarchiv anlegen
Bürgerinitiative gründen
Buttons herstellen (z.B. „Für den Erhalt unseres Jugendzen-
trums")

C

Comic-Aktion (plakatgroße Comics zu bestimmten Themen an-
fertigen)

D

Demonstrationsgottesdienst
Denkmal-Aktion (z.B. eigenes Denkmal [Denk mal!] herstellen)

E

Eigene Zeitung machen
Ein-Mann- bzw. Ein-Frau-Plakat-Protest auf Bauch und Rücken

F

Fahrradsternfahrt organisieren
Flohmarkt durchführen (z.B. einen Teil des Erlöses der Kinder-
krebshilfe zur Verfügung stellen)
Frust in konstruktive Bahnen lenken: Bürger- oder Wählerinitiative
gründen
Fußgängerzone (Stand anmelden und aufbauen/Plakataktion/Mit-
spielaktion/Straßentheater)

G

Gedichte und Geschichten zu bestimmten Themen schreiben und
gemeinsam veröffentlichen
Gegenausstellung veranstalten
Gesucht werden per Umfrageaktion (mit Presseveröffentlichung) 10
lebende Bundespolitiker, die heute noch eine Vorbildfunktion für
Jugendliche haben könnten.

H

Happenings (fantasievolle symbolische Szenen); z.B. wird im Rahmen einer „Trauerfeier" das „Soziale Netz" bestattet.

I

Info-Stand aufbauen (Anlässe und Themen hierfür sind unerschöpflich)

J

Julklapp (z. B. supergroßes Julklapp aller Beteiligten in (Schule/Arbeitsplatz/Krankenhaus/Altenheim)

K

Kleinkunstabend veranstalten (Kabarett, Musik, Autorenlesung, Podiumsgespräch)

L

Leserbriefe schreiben (konzertierte Aktion zu einem bestimmten Thema)
Lichterkette gegen Gewalt
Lieder-Song-Abend organisieren (Musik und Information etwa im Stil einer Talk-Show)

M

Mahnwache aufstellen (je nach Themenschwerpunkt)
Modenschau (z. B. in Form eines Happenings: Survival-Mode, Öko-Mode, Kleidung für Politiker)

N

Naturschutzaktionen (Leserbriefe schreiben, Bürgerinitiative gründen, Handzettel verteilen, Mahnwache aufstellen)
Nächtliche Gruselwanderung

O

Offene Kanäle nutzen (private Radiosendungen machen)
Osterspaziergang zu speziellem Thema veranstalten
Ostfriesenabitur oder Ostfriesenolympiade veranstalten

P

Plakate entwerfen
Politikverdrossenheit positiv angehen: Wählerinitiativen gründen
Presseerklärung abgeben

Projektwoche organisieren
Protestlied komponieren

Q
Querköpfe braucht das Land. Devise: „Machen statt Motzen!"

R
Radiosender anschreiben und anrufen
Radiosendung aufnehmen („Offene Kanäle" sind für alle da.)

S
Schweigemarsch
Selbsthilfegruppe gründen
Spiele ohne Grenzen veranstalten oder Spielstraße errichten
Spiele ohne Verlierer durchführen (Großgruppenanimation auf
    Grünflächen im Park)
Stammtisch (Gesprächskreise zu sozialen, kulturellen und politi-
    schen Themen)

T
Tag der offenen Tür (Eine Einrichtung/Gruppe/Organisation stellt
    sich vor.)
Tauschaktion (z. B. Kriegsspielzeug gegen gutes Spielzeug)
Theater auf der Straße
Transparente entwerfen
Trecker-Korso
Trödelmarkt (Erlös für einen guten Zweck)

U
Überdimensionale Maschine bauen (Skulptur aus Pappe, Styro-
    por)
Unterschriftensammlung (jeweils zu bestimmten aktuellen politi-
    schen oder gesellschaftlichen Anlässen)

V
Verein gründen (In Deutschland gibt es angeblich die meisten Ver-
    eine.)
Versteigerungsaktion (für einen guten Zweck)

Videofilm drehen (Die Themen sind unbegrenzt.)
Volkswandertag unter ein bestimmtes Motto stellen (zugunsten von
... gegen ... für ...)

W

Wandmalerei, Wandsprüche, Wandzeitung (eventuelle Genehmi-
gungen einholen.)
Wasserolympiade (Spielaktionen am Strand) durchführen
Wie viele Leute passen in einen Fiat Panda (Fiesta, Polo usw.)?

X

X-beliebige Leute auf der Straße zu bestimmten Themen befragen

Y

Yoghurt statt Phosphat-Schokolade. Aktion zum Thema „Gesunde
Ernährung (Info-Stand, Handzettel, Kochnachmittag im Jugend-
zentrum, in der Schule usw.)

Z

Zeitung machen
Zeitungskampagne (konzertierte Leserbriefaktion zu einem aktuel-
len Mißstand)
Zug mit Kerzen oder Fackeln (themengebunden)
Zukunftswerkstatt (Regelmäßige Treffen, auf denen Ideen zu be-
stimmten Problemen gemeinsam entwickelt werden; z.B. im
Brainstorming.)

Literaturverzeichnis

Argyle, M.: Körpersprache und Kommunikation. Paderborn 1979
Cropley, A.J.: Kreativität und Erziehung. Stuttgart 1982
Fischer, D., Klawe, W., Thiesen, H.J. (Hrsg.): (Er-)leben statt Reden. Weinheim/München 1985
Gudjons, H.: Praxis der Interaktionserziehung. Bad Heilbrunn 1987
Guggenmos, J.: Was denkt die Maus ... Weinheim o.J.
Hahn, K.: Erziehung zur Verantwortung, Stuttgart 1958
Höper, C.J. u.a.: Die spielende Gruppe. Wuppertal [8]1980
Kramer, M.: Das praktische Rollen-Spielbuch. Wuppertal 1979
Meier/Seidel: Spielen und Darstellen, Bd. II. Hamburg 1978
Müller, R. (Hrsg.): Spiel und Theater als kreativer Prozeß. Bd. 2. Berlin 1972
Opaschowski, H.W. (Hrsg.): Methoden der Animation – Praxisbeispiele. Außerschulische Pädagogik. Bad Heilbrunn 1981
Orlick, T.: Kooperative Spiele. Herausforderung ohne Konkurrenz. Weinheim 1982
Scheuerl, H.: Theorien des Spiels. Weinheim [10]1975
Schiffler, H.: Spielformen als Lernhilfe. Freiburg 1982
Schwäbisch, L./Siems, M.: Anleitung zum sozialen Lernen für Paare, Gruppen und Erzieher. Reinbek 1976ff.
Thiesen, P./Cornils, V.: Handbuch Jugendarbeit. München 1981
Thiesen, P.: Arbeitsbuch Spiel. Für die Praxis in Kindergarten, Hort, Heim und Kindergruppe. München/Köln [7]1993
Thiesen, P.: Kreatives Spiel mit Kindern, Jugendlichen und Erwachsenen. München, Köln [5]1993
Thiesen, P.: Schönwetterspiele im Kindergarten. Freiburg [2]1990
Thiesen, P.: Konzentrationsspiele für Kindergarten und Hort. Lebendige Förderung ohne Dressur und Streß. Freiburg [2]1993
Thiesen, P.: Drauflosspieltheater. Ein Spiel- und Ideenbuch. Weinheim [3]1993
Thiesen, P.: Das Montagsbuch. Ein Arbeitsbuch zur Überwindung des „Montagssyndroms" in Kindergarten, Hort und Grundschule. Weinheim [2]1993

Thiesen, P.: Sozialpädgogik lehren. Weinheim 1991
Thiesen, P.: Klassische Kinderspiele. Weinheim 1993
Vopel, K.: Interaktionsspiele Bde. 1–4. Hamburg ²1980
Ziegenspeck, J.: Lernen fürs Leben – Lernen mit Herz und Verstand.
   Lüneburg 1986

Theaterpädagogik

Peter Thiesen

Drauflosspieltheater

Ein Spiel- und Ideenbuch für Kindergruppen, Hort, Schule, Jugendarbeit und Erwachsenenbildung – mit über 350 Spielanregungen.
155 Seiten. Broschiert.
ISBN 3-407-62130-2

Das »Drauflosspieltheater« informiert kompakt über die wichtigsten Formen des personalen, figuralen und technisch-medialen Spiels und macht sie für die praktische Arbeit in der schulischen und außerschulischen Pädagogik nutzbar. Neben dem notwendigen spielpädagogischen und spieltechnischen Fundament bietet das Buch über 350 neue und originelle Spielvorschläge aus den Bereichen Warming-up-Spiele, Scharaden, Pantomime, Stegreifspiel, Theater, Kabarett, problemorientiertes Rollenspiel, Planspiel, Marionetten-, Schatten- und Maskenspiel, Musik, Hörspiel, Audiovision, Video und Super-8-Film. Die Spielangebote sind ohne großen organisatorischen Aufwand durchführbar und enthalten viele Hinweise zu ihrem richtigen didaktisch-methodischen Einsatz. Ein Buch von hohem Gebrauchswert.

»Es geht um Ideen, die kurz und bündig zu verstehen und aufzugreifen sind, ohne viel Materialien, ohne größere Vorbereitung. So werden MitarbeiterInnen in der Jugendarbeit, in Schule und Hort, in Tagesstätten und Kindergruppen die Anregungen aufgreifen können und mit Spaß ›drauflosspielen‹.«   *Unsere Jugend*

Beltz Verlag · Postfach 10 01 54 · 69441 Weinheim

Ausstattungsänderungen vorbehalten

B_250

Schöne alte Kinderspiele

Peter Thiesen

Klassische Kinderspiele

Neu entdeckt für Kindergarten, Hort, Grundschule und Familie. 197 Seiten. 31 Abb. Broschiert. ISBN 3-407-62177-9

Eine Fülle von Spielen, die in den 50er Jahren fast jedes Kind kannte, ist heute verschollen oder in Vergessenheit geraten. Jüngere Erzieherinnen und Lehrer kennen heute nur noch relativ wenige alte Spiele aus eigener Erfahrung.

Das Buch lädt ein, vertraute Spiele wiederzufinden und alte, unbekannte neu zu entdecken. Es enthält neben viel Wissenswertem vom Spiel vergangener Tage eine sorgfältig zusammengestellte Sammlung von über 500 der schönsten klassischen Kinderspiele, Reime, Rätsel und Spielideen. Verklungenes Kinderspiel und versunkene Kinderpoesie werden wieder lebendig.

»Der Band weckt schon beim bloßen Durchblättern die Sehnsucht nach der eigenen Kindheit.«
Erziehung und Wissenschaft

»Dabei läßt Thiesen Leserinnen und Leser an einer kleinen Reise durch das Spiel vergangener Zeiten teilnehmen und beschreibt sehr ansprechend den Stellenwert des Spielens in den zurückliegenden Jahrhunderten.« *Unsere Jugend*

»Das Buch lädt ein, vertraute Spiele wiederzufinden und alte, unbekannte neu zu entdecken.«
Praxis Schulfernsehen

BELTZ

Ausstattungsänderungen vorbehalten

Beltz Verlag · Postfach 10 01 54 · 69441 Weinheim

B_259